RET in actie

Opgedragen aan Theo IJzermans

Roderik Bender
Alice Zandbergen

RET in actie

Groepsoefeningen voor trainers
en begeleiders

Thema, uitgeverij van Schouten & Nelissen

THEMA.

Meer producten van Thema over de RET:

Hoe maak ik van een olifant weer een mug?
Theo IJzermans en Roderik Bender
978 90 5871 544 9

RET op een rijtje
Theo IJzermans en Alice Zandbergen
978 90 5871 295 0

RET een andere kijk op problemen
Albert Ellis en Alan Baldon
978 90 5871 175 5

Kijk op thema.nl voor nog veel meer boeken, spellen en waaiers.

Mixed Sources
Productgroep uit goed beheerde bossen
en andere gecontroleerde bronnen
www.fsc.org   Cert no. SGS-COC-006507
© 1996 Forest Stewardship Council

© Thema, Zaltbommel, 2010

Voor overnames kun je contact opnemen met de klantenservice van Thema,
Postbus 287, 5300 AG Zaltbommel, T 0418 683 700 of info@thema.nl.

Omslag: Mocking Grafisch Ontwerp, Zaltbommel
Binnenwerk: Paul Boyer, Amsterdam
Illustraties: Mark Schilders, Nijmegen
Grafische productie: Tailormade, Buren

ISBN 978 90 5871 300 1
NUR 808, 770

VOORWOORD

Als trainer wil je mensen nieuwe kennis en vaardigheden leren. Je wilt ze bijvoorbeeld stimuleren om krachtig nee te zeggen, coachend leiding te geven, beter te presenteren. Dus geef je je deelnemers handige modellen met tips en tricks en laat je hen oefenen. Vaak werkt dat goed en zijn deelnemers blij met de nieuwe mogelijkheden die ze krijgen.

Maar soms werkt het ook niet. Dan stuit je als trainer op weerstand. De deelnemer snapt wel wat hij moet doen, maar het lukt niet. Hij kan het 'nee' best uit zijn mond krijgen, maar geconfronteerd met een echte situatie gaat hij toch voor de bijl.

Bij zulke deelnemers is het net alsof de nieuwe vaardigheden van hen afglijden. Onder hun gedrag zit een overtuiging die zich verzet tegen de nieuwe vaardigheden. Soms lijden deelnemers daar zichtbaar onder. 'Ik wil wel anders, maar het lukt niet.' Maar soms is de overtuiging ook zo diep verankerd dat ze er zelf geen last van lijken te hebben. 'Zo is het nu eenmaal.'

Hoe kun je deelnemers in zulke situaties helpen? Nog meer theorie en oefenen gaat niet werken; je voelt aan je water dat je iets aan de binnenkant moet doen. Maar hoe doe je dat? Is dat niet vooral iets voor coaching?

Nou, dat valt dus wel mee, zo blijkt in dit boek. Alice Zandbergen en Roderik Bender laten zien dat je juist in een training prima aan de slag kunt met de overtuigingen van de deelnemers. Beide auteurs zijn RET-master en zeer ervaren trainers. En met die achtergrond hebben ze een scala aan oefeningen ontworpen waarmee je een groep stapsgewijs kunt laten werken met de RET.

De oefeningen zijn helder en kort beschreven. Als je voldoende basiskennis hebt van de RET kun je er als trainer al snel mee uit de voeten. Dat komt ook doordat de oefeningen beeldend zijn: niet alleen maar 'zitten en praten', maar met A4'tjes op de grond, werken met stoelen, wisselen van rollen enzovoort. In de opzet van de oefening zit daarmee al veel richting voor de deelnemers om de juiste vragen te stellen en naar de juiste conclusies toe te werken. Hierdoor raken veel oefeningen je al als je ze alleen maar leest. Kun je nagaan wat er gebeurt als je ze deelnemers laat ervaren. En dat is het doel van de RET: voelen en niet (alleen) praten over.

Mooi vind ik dat de auteurs benadrukken dat het belangrijk is om jezelf met je belemmerende overtuigingen eerst te accepteren. Pas dan kun je ze veranderen. Dat 'jezelf accepteren' krijgt met deze oefeningen een extra zetje, juist doordat de deelnemers hun gedachten met elkaar delen. Deelnemers schamen zich vaak voor wat ze diep van binnen denken. Dan helpt het enorm als je ziet dat je collega-deelnemer precies dezelfde gedachte heeft of een andere die net zo 'raar' is.

Tot slot ben ik erg blij met het hoofdstuk met drie voorbeeldprogramma's: van 'RET-light' tot een tweedaagse training. Hiermee kun je zien hoe je de oefeningen kunt opbouwen tot een langere sessie, afhankelijk van de vraag van je groep.

Kortom, dit is een belangrijk boek. Het helpt trainers om de binnenkant van hun deelnemers bespreekbaar te maken. En het helpt deelnemers om echt te veranderen. Veel succes en plezier bij het lezen en gebruiken.

Karin de Galan
de galan school voor training

INHOUD

1 **INLEIDING** 9

2 **RATIONELE EFFECTIVITEITSTRAINING IN HET KORT** 11

3 **OEFENINGEN** 18

   Overzicht van de oefeningen 19
    1 Confronterende start 20
    2 Zoek het ABC op papier 21
    3 De A als foto 22
    4 Met een loep de A onderzoeken 24
    5 Aanleiding vaststellen via de C 25
    6 Opstellen van een ABC 26
    7 De gedachte maakt het verschil 27
    8 Ik zie, ik denk, ik vind 28
    9 Ik vind, dus ik voel 29
   10 De vijf denkpatronen 31
   11 RET in de ruimte 1 34
   12 Twee stoelen 36
   13 Interpretatie of evaluatie? 38
   14 Moeten of willen? 40
   15 Een kant van jezelf 41
   16 Taal voor gevoel 43
   17 Laat maar eens zien! 44
   18 De volumeknop 45
   19 Van binnen naar buiten 47
   20 Van buiten naar binnen 48
   21 Rationeel-emotieve warming-up 49
   22 De trainer is ook maar een mens 50
   23 RET in de ruimte 2 51
   24 RET-stappendemo 52
   25 Nare mensen 54
   26 Het uitdaagparcours 55

27	Lees het op de voorpagina	57
28	Was het maar zo ...?	59
29	Rampen overdrijven	60
30	Leven met je valkuilen	62
31	Roddelen	63
32	De andere kant van de medaille	65
33	Sprookjesland	66
34	Rol wisselen	67
35	De 'hot seat'	69
36	Dilemma onderzoeken	70
37	Kruip in de huid van ...	71
38	Rationeel-emotieve verbeelding	73
39	De armen over elkaar	75
40	Doe het niet, dat wordt toch niks!	76

4 WENKEN VOOR DE TRAINER/BEGELEIDER 78

5 WERKEN MET RET IN TRAININGSPROGRAMMA'S 81

6 VEELGESTELDE VRAGEN OVER RET IN GROEPEN 86

BIJLAGEN
1 Veelvoorkomende denkwijzen 90
2 RET-formulier 94

LITERATUUR EN OPLEIDINGEN 95

1
INLEIDING

Dit boek is geschreven voor trainers, therapeuten en andere mensen die ervaring hebben in het werken met groepen. Centraal in dit boek staan groepsoefeningen en werkvormen die gebaseerd zijn op RET (Rationele Effectiviteitstraining of Rationeel-emotieve Therapie).

Wat maakt de RET zo'n nuttige methode om te gebruiken in groepen? RET is een intrapersoonlijk model, waarbij het gaat om processen binnen een persoon, en niet om processen tussen personen. Het gebruik van de methode kan – en dat is zelfs de bedoeling – dicht bij je deelnemers komen. Dat biedt je veel kansen: je kunt immers je deelnemers helpen met meer dan alleen maar nieuw gedrag. Je helpt ze de achterliggende overtuigingen te vinden die dat nieuwe gedrag kunnen verinnerlijken. Het blijkt namelijk dat het aanleren van nieuw gedrag in training niet leidt tot blijvende gedragsverandering als de onderliggende gedachtepatronen niet bij dat nieuwe gedrag passen. Als je deelnemers communicatievaardigheden leert, bijvoorbeeld kritiek geven en ontvangen, heeft dat weinig blijvend effect in de praktijk als ze zichzelf met hun overtuigingen nog steeds overdreven bang, bezorgd of kwaad maken.

Hoewel we uit de klassieke gedragstherapie weten dat nieuw gedrag oefenen en integreren ook tot het veranderen van overtuigingen kan leiden, behoort de RET tot de methoden waarmee je als trainer veel gerichter je deelnemers een handje kunt helpen met het veranderen van overtuigingen die hen belemmeren. Het geeft je een handzaam, eenvoudig didactisch model met een concreet stappenplan dat veel deelnemers aanspreekt. RET in trainingen werkt goed, omdat denken en filosoferen voor veel deelnemers acceptabele activiteiten zijn die een goede opmaat vormen voor wat persoonlijker naar zichzelf kijken.

Ons boek beoogt ideeën te geven aan alle trainers die ons vaak vertelden dat ze de methode zo individueel vinden en dat het moeilijk is om de hele groep geboeid te houden bij individuele casuïstiek.
Je krijgt in dit boek allerlei werkvormen aangereikt waarmee je zelfs in korte groepsbijeenkomsten je deelnemers op attitudeniveau kunt trainen zonder dat het statisch, traag of onveilig wordt. We hebben oefeningen verzameld waarin deelnemers actief aan de slag gaan: bewegen, lachen, voelen, debatteren, zich verbeelden, oefenen, uitbeelden, enzovoort.

Met ons boek willen we ook een brug slaan naar andere methoden zoals bijvoorbeeld mindfulness en voice dialogue. Net als Albert Ellis, de grondlegger van RET, geloven we niet dat één methode zaligmakend is in het werken met mensen. RET werkt goed naast andere methoden en theorieën, en er zijn veel overeenkomsten. Met provocatief coachen deelt RET bijvoorbeeld dat – met behoud van de relatie – de interventies van de trainer of begeleider best humoristisch en scherp mogen zijn. De grote nadruk die de hedendaagse psychologie van de derde generatie legt op acceptatie van jezelf, je gevoelens en je overtuigingen, ligt zeer dicht aan tegen het filosofisch doel van de RET: onvoorwaardelijke acceptatie van jezelf, de ander en de wereld. Wie RET dogmatisch inzet (en ziet als de enige zaligmakende methode) mist de essentie van het anti-dogmatische karakter ervan.

We dragen dit boek op aan Theo IJzermans (1944-2008). Hij heeft het werken met RET in trainingsgroepen in Nederland geïntroduceerd. Bovendien was hij voor ons beide mentor, vriend, co-auteur en veelvuldig co-trainer. Naast zijn vele andere publicaties heeft met name zijn boek *Produktief denken* ons inspiratie gegeven voor dit boek.

Werken met groepen is een gecompliceerd vak. Het vraagt een scherp en geoefend oog in het balanceren tussen kennis van het onderwerp, werkvormen, groepsdynamiek en individuele psychologie van elk van de deelnemers. Gelukkig kan de trainer putten uit veel trainersopleidingen en boeken. Wij beperken ons in dit boek daarom tot werkvormen gerelateerd aan RET. Dat betekent dat we vertrouwen op de deskundigheid van de lezer in zaken als groepsdynamiek, algemene trainersvaardigheden en persoonlijkheidsleer. Ook veronderstellen we dat de lezer een goede basiskennis van de RET heeft, al zullen we de methode als opfrissing in het eerste hoofdstuk nog eens samenvatten.

Voor de leesbaarheid zullen we meestal de woorden 'trainer', 'deelnemer' en 'training' gebruiken, maar je kunt naar believen deze termen vervangen door woorden als groepsbegeleider, patiënt, groepslid en therapiegroep. Overigens zijn grote delen van het boek – en een aantal van de werkvormen – ook toepasbaar door de coach die individueel met mensen werkt.

We willen Karin de Galan graag bedanken voor het meelezen en het mooie voorwoord. Ger Bom: bedankt voor het secure meelezen op taal! Onze uitgever Ellen van der Hart zijn we erkentelijk voor haar montere en kordate begeleiding.

De indeling van dit boek is als volgt: na een korte samenvatting van de RET-methode, gaan we in op veertig werkvormen die in diverse groepen gebruikt kunnen worden. Vervolgens, na een aantal wenken voor trainers, illustreren we draaiboeken van drie groepsprogramma's waarin attitudeverandering centraal staat. Enkele veelgestelde vragen (en onze antwoorden) volgen. In de bijlagen kun je meer lezen over veelvoorkomende denkwijzen en vind je het RET-invulformulier.

Roderik Bender, Alice Zandbergen

2
RATIONELE EFFECTIVITEITSTRAINING IN HET KORT

Rationele Effectiviteitstraining (afgekort RET) is een methode om meer sturing te kunnen geven aan je emotionele reactie op gebeurtenissen die je overkomen. De RET is ontstaan door het pionierswerk van de Amerikaanse psycholoog Albert Ellis in de vorige eeuw. Hij ontwierp de RET als alternatief voor klassieke psychotherapie waarvan hij vond dat het veel te lang duurde voordat de cliënt resultaten boekte, als deze dat al deed. Al snel werd het nut van RET buiten de therapiewereld ontdekt. Met name in Nederland wordt de RET nog steeds in toenemende mate een plaats toegekend in training en coaching van de werkende mens.

De twee hoofdaannames bij RET zijn dat het 1) niet situaties zijn, maar onze gedachten of overtuigingen over die situaties die onze emotionele reacties op situaties sturen, en 2) dat ieder mens kan leren zijn emotionele reactie te beïnvloeden door actief zijn overtuigingen te toetsen aan de realiteit en zo nodig te veranderen. De RET geeft geen tips over hoe we ons moeten gedragen bij verschillende gebeurtenissen; het is een intrapersoonlijk model, in tegenstelling tot interpersoonlijke modellen zoals de beroemde Roos van Leary. De RET beoogt om je te helpen je eigen emotionele reactie te beïnvloeden bij gebeurtenissen, zodat je beter in staat bent te handelen bij deze gebeurtenissen. Dit betekent niet dat je bij RET geacht wordt zo min mogelijk te voelen. Het betekent slechts dat je de RET kunt inzetten als je niet tevreden bent over je eigen emotionele reactie op gebeurtenissen.

De RET maakt gebruik van het ABC-model:

A = aanleiding
B = onproductieve gedachte, overtuiging over die situatie
C = emotie en reactie

Volgens de RET wordt de C niet veroorzaakt door de aanleiding A maar door B, de gedachte of overtuiging over de A. Maar hoe werkt dat precies? En wanneer is de RET dan inzetbaar?

VERSCHILLENDE REACTIES OP DEZELFDE SITUATIE

Laten we eens kijken naar een voorbeeld. Anna, Hans en Roos werken alle drie samen in een team met Jaap. Jaap is echter geen makkelijke collega; hij gedraagt zich vaak erg dominant in het team. Hij luistert slecht naar suggesties van anderen en lijkt steeds bezig te zijn om zijn ideeën over het werk erdoor te drukken. Daarbij heeft Jaap de neiging om de anderen steeds te onderbreken. Zoals laatst nog, bij een vergadering die ze met z'n vieren hadden.

De A is voor alle drie de teamgenoten gelijk:
A = Jaap onderbreekt anderen vaak tijdens de vergadering.
Als deze A daadwerkelijk verantwoordelijk zou zijn voor wat de drie anderen voelden, dan zouden ze een identieke emotionele reactie hebben. Dat is echter niet zo:

Anna ergert zich een beetje aan het gedrag van Jaap tijdens de vergadering. Die lichte ergernis komt doordat ze het onderbreken niet plezierig vindt. Haar ABC ziet er als volgt uit:
A = Jaap onderbreekt anderen vaak tijdens de vergadering.
B = Ik vind het niet fijn dat hij anderen onderbreekt.
C = lichte ergernis.
Ze zal er wel of niet iets van zeggen, maar het is aannemelijk dat ze niet wakker ligt van het gedrag van Jaap.

Voor Hans ligt het anders. Hij ergert zich kapot, omdat hij bij zichzelf denkt dat Jaap een ongemanierde hork is die het recht niet heeft om anderen zo weinig ruimte te geven. Zijn ABC:
A = Jaap onderbreekt anderen vaak tijdens de vergadering.
B = Jaap is een hork die het recht niet heeft om ons zo weinig ruimte te geven. Dit is ondraaglijk, dit kan toch niet!
C = woede.
We kunnen verwachten dat Hans zich eerst van binnen opvreet, alleen maar focust op het storende gedrag van Jaap en zijn gedachte daarbij, net zolang totdat hij echt goed kwaad is. Misschien zegt hij er niets van, misschien wel. Als hij het laatste doet, kunnen we ons afvragen of hij, vanuit zijn grote woede, wel de juiste toon weet te treffen om Jaap tot ander gedrag te bewegen.

Roos, ten slotte, vindt het gedrag van Jaap intimiderend. Ze maakt zichzelf bang met de gedachte dat Jaap een strijd met haar wil aangaan die ze zeker zal verliezen. Haar ABC:
A = Jaap onderbreekt anderen vaak tijdens de vergadering.
B = Jaap is uit op een confrontatie met mij, die confrontatie kan ik niet aan.
C = angst.
Roos zal naar alle waarschijnlijkheid haar mond houden. Maar de kans is groot dat ze onnodig gebukt zal gaan onder haar angst voor Jaap, met wie ze immers vaak moet samenwerken.

Bovenstaand voorbeeld illustreert hoe eenzelfde gebeurtenis heel verschillende emotionele reacties teweeg kan brengen. Niet Jaaps gedrag, maar de gedachten van zijn teamgenoten over dat gedrag zijn bepalend voor hun emotionele reactie. Het voorbeeld illustreert verder dat je echt niet blij hoeft te worden van lastige situaties, een belangrijk uitgangspunt van de RET.

Daarnaast illustreert het voorbeeld dat je, naast van een lastige situatie (Jaaps gedrag bij de vergadering), ook nog eens last kunt hebben van je eigen emotionele reactie daarop. Kortom: je kunt twee problemen hebben, één in de A en één in de C die je bij die A ervaart. Wiens reactie vind je nu het meest effectief en het meest reëel?

ONPRODUCTIEVE GEDACHTEN

In het voorbeeld ervaart Anna het minste last van Jaaps gedrag. Hans en Roos hebben het zwaarder: ze hebben een heel sterke emotie. En sterke emoties zijn vaak alleen maar functioneel bij heel ingrijpende gebeurtenissen, zoals direct gevaar, zwaar bedrog of een miljoen winnen in de loterij. Niet voor tegenslagen op het werk.

In de terminologie van de RET worden onproductieve gedachten (Albert Ellis gebruikte vaak de term 'irrationele gedachten') gedefinieerd als gedachten die ons niet helpen.

Hans uit het voorbeeld maakt zich bozer dan eigenlijk handig is. Het is heel invoelbaar dat hij Jaaps gedrag niet waardeert, maar Hans gaat verder. Hij veroordeelt Jaap als persoon, en eist daarbij dat Jaap het gedrag dat hem zo typeert niet laat zien. Die gedachte is onproductief omdat hij Hans niet helpt. Bovendien is de gedachte niet overeenkomstig de realiteit: mensen om ons heen gedragen zich niet altijd zoals wij willen, puur omdat wij dat van ze eisen. Het is zelfs te verwachten dat Hans en Jaap ruzie krijgen als Hans vanuit zijn woede het gesprek aangaat. Gesprekken met collega's gaan je nu eenmaal beter af als je niet woedend bent.

De gedachte van Roos is ook onproductief omdat ze waarschijnlijk last blijft houden van haar angst bij alles waarbij ze aan Jaap wordt herinnerd. En ook haar gedachte strookt niet met de realiteit. Het is niet zeker dat Jaap erop uit is om ruzie met haar te zoeken, net zomin als haar gedachte klopt dat ze dat niet aankan. Er kunnen heel andere motieven aan zijn gedrag ten grondslag liggen en waarschijnlijk is hij meer met zichzelf bezig dan met hoe hij Roos zo snel mogelijk onschadelijk kan maken. En zelfs al was hij uit op een confrontatie met Roos, dan nog zal haar grote angst haar niet helpen om op een assertieve manier met Jaap het gesprek aan te gaan.

Van de drie teamleden is Anna het best in staat om met de situatie om te gaan. Haar emotionele reactie is passender bij de situatie en geeft haar meer kans om tot Jaap door te dringen als ze dat wil. Zelfs als ze dat niet doet, of als Jaap echt niet voor rede vatbaar is, dan nog zal Anna het minste last hebben van het werken met Jaap. Haar gedachten over de situatie zijn reëel. Ze zal haar aandacht makkelijker op leukere aspecten van het werk kunnen richten en zich minder op de kast laten jagen door Jaaps gedrag.

HET VERANDEREN VAN ONPRODUCTIEVE GEDACHTEN

Onproductieve gedachten kunnen ons veel spanning, last en stress bezorgen. Ze leven echter dikwijls hardnekkig in onze hoofden. Hoe kunnen we onszelf op andere, meer productieve gedachten brengen?

Het antwoord dat de RET hierop geeft is dat we actief onze onproductieve gedachten opsporen en onder ogen zien, om deze vervolgens ter discussie te stellen, met als doel het vinden van een reële gedachte die een passender, vaak minder heftige emotie mogelijk maakt. Daarvoor breiden we het ABC-model uit:

A = aanleiding
B = onproductieve gedachte, overtuiging over die situatie
C = emotie en reactie
D = discussie over en uitdagen van de onproductieve gedachte
E = effectieve nieuwe gedachte en emotionele reactie

Hoe je de RET verwoordt in taal, hangt af van wat aansluit bij je groep. In dit boek gebruiken we bewust verschillende termen naast elkaar voor elk van de vijf letters:

A = aanleiding, maar ook gebeurtenis, trigger of situatie.
B = een irrationele gedachte, een onproductief idee, een belemmerende overtuiging, enzovoort.
C = consequentie, emotionele reactie, emotie en gedrag, gevoelens, enzovoort.
D = uitdagen, kritisch bevragen, onderzoeken of iets klopt.
E = effectieve gedachte en reactie, motto, helpend inzicht, enzovoort.

Het bediscussiëren of uitdagen van een onproductieve gedachte heeft als doel om echt in te zien dat je gedachte niet kloppend, niet nuttig, niet logisch en overdreven is. En met inzien bedoelen we niet alleen snappen met je hoofd, maar ook echt vóelen. Dat voelen vraagt vaak meer dan alleen maar een tegeltjeswijsheid bedenken. Het vraagt zoeken naar je eigen persoonlijke taal die echt binnenkomt. De volgende uitdagingsvragen helpen daarbij.

Feitelijkheidsvragen zijn bedoeld om je gedachte te toetsen met de feiten. Klopt je gedachte met de werkelijkheid? In Roos' voorbeeld: hoe weet ze zo zeker dat Jaap op ruzie met haar uit is? En in het voorbeeld van Hans: houden mensen zich altijd aan de regels die Hans in zijn hoofd heeft over hoe ze zich zouden moeten gedragen?

Doelmatigheidsvragen geven (als het goed is) aan hoe onfunctioneel een gedachte is. Helpt Roos' angst haar om zich prettig te voelen in haar werk? En helpt Hans' eis en bijbehorende woede hem om zijn doel te bereiken en Jaap mee te krijgen? Waarschijnlijk niet: zelfs al zal Jaap stiekem erkennen dat hij wel eens te dominant is, dan nog zal de felle toon van Hans waarschijnlijk alleen maar verzet bij hem teweegbrengen.

Logische vragen dienen ervoor om de onlogica van een gedachte bloot te leggen. Zelfs al is de angst van Roos voor ruzie gevoed door conflicten in het verleden, hoe logisch is het dat alle dominante mensen met wie ze de rest van haar leven in aanraking komt, een conflict met haar zullen aangaan? Is het ook niet logisch dat sommige werkrelaties verbeteren als je eerlijk naar elkaar toe bent? En Hans kan zichzelf de vraag stellen of het wel logisch is dat Jaap op een woede-uitbarsting van Hans reageert met: 'Je hebt gelijk, ik zie mijn fout helemaal in, het spijt me enorm en ik zal het nooit meer doen!'

Filosofisch getinte vragen hebben betrekking op wat er daadwerkelijk voor onmisbaars op het spel staat. Betekent wat we ons inbeelden ook echt het einde van ons levensgeluk? Kunnen we dit te boven komen, als onze kwelgedachte uitkomt? Wat is het ergste wat Roos kan gebeuren als het conflict met Jaap inderdaad plaatsvindt? Is het die grote angst ook daadwerkelijk waard? En voor Hans kan de filosofische uitdaging zijn: als Jaap doorgaat met zijn dominante gedrag, valt daarmee te leven? Is vervelend gedrag van anderen echt ondraaglijk, of is het eerder onplezierig?

Dit is waar de D in het uitgebreide ABC-model voor staat: het overtuigen van jezelf van een nieuwe, meer reële gedachte. Deze gedachte bereidt de weg voor een andere emotie, en daarmee voor ander gedrag. Dit tezamen vormt de E in het model.
Het gedrag in die E kan in ons voorbeeld uitkomen op iets tegen Jaap zeggen, of ervoor te kiezen er maar niet te veel op te letten en er het beste van te maken. In beide gevallen is er meer acceptatie. Natuurlijk is het goed om invloed uit te oefenen op ons leven en op de mensen en situaties die in ons leven optreden. Maar – of we dat nu doen of niet – in de basis is acceptatie voordat je reageert (of niet) altijd te verkiezen boven non-acceptatie. Dat is het devies van de RET: eerst accepteren, dan reageren.

> **RET-devies:**
> *Eerst accepteren, dan reageren*

Een nieuwe E leeft vaak sterk meteen nadat je je eigen onproductieve gedachte hebt uitgedaagd. Maar die nieuwe E echt blijvend vasthouden, vraagt veel oefening. De oefeningen in dit boek kunnen daarbij helpen. Daarna volgt vaak het oefenen van E's in de werkpraktijk, na de training. In de oefeningen wordt daarnaar verwezen als 'huiswerk'.

RET-STAPPENPLAN

Stap 1 *Beschrijf de A.* Wat is de gebeurtenis, aanleiding of de situatie die het ongewenste gevoel en gedrag oproept?

Stap 2 *Beschrijf de C.* Wat is de ongewenste niet-productieve emotie en het daarmee samenhangende gedrag?

Stap 3 *Formuleer de gewenste C.* Hoe wil je je gaan voelen als dergelijke situaties zich voordoen? Hoe wil je je gaan gedragen?

Stap 4 *Beschrijf de belangrijkste B.* Wat zijn de gedachten waarmee je C veroorzaakt? Beschrijf de interpretaties, maar vooral ook de evaluaties.

Stap 5 *Daag de irrationele gedachten uit* waarmee je het ongewenste gevoel en gedrag veroorzaakt en stel ze ter discussie.

Stap 6 *Vervang de irrationele gedachten*, die onder B zijn gevonden, *door rationele gedachten*. De antwoorden op de vragen bij stap 5 leveren de bouwstenen aan voor het formuleren van deze meer rationele gedachten.

Stap 7 *Beproef het resultaat.* Test in fantasie of werkelijkheid uit of je door de nieuwe B's, de meer rationele gedachten, beter op de situatie kunt reageren. Hoe voelt het om er zo tegenaan te kijken?

Stap 8 *Maak een oefenprogramma en voer het uit* om de meer rationele en productieve denkwijze in je gedrag in te voeren.

(Bewerking uit: *Hoe maak ik van een olifant weer een mug?*)

3
OEFENINGEN

Bij de hierna volgende oefeningen geven we steeds aan bij welk van de RET-stappen (A, B, C, D, E) de oefening hoort. Sommige oefeningen betreffen meer dan één RET-stap.

Elke oefening heeft een of meer sterren die verwijzen naar de toepasbaarheid in groepen:

★ gaat over algemene mechanismen van het ABC-model, zonder persoonlijke voorbeelden van deelnemers. Deze oefeningen zijn meestal toe te passen zonder de hele methode (en de taal die daar vaak bij gebruikt wordt) uit te leggen.

★★ is toepasbaar als het RET-model toegepast gaat worden op eigen voorbeelden van de deelnemers.

★★★ zijn verdiepende, meer persoonlijke oefeningen die verder uitwerking geven aan bepaalde aspecten van het model.

OVERZICHT VAN DE OEFENINGEN

1	Confronterende start	ABC	★	blz. 21
2	Zoek het ABC op papier	ABC	★	blz. 22
3	De A als foto	A	★	blz. 23
4	Met een loep de A onderzoeken	A	★★★	blz. 24
5	Aanleiding vaststellen via de C	A	★★★	blz. 25
6	Opstellen van een ABC	ABC	★★	blz. 26
7	De gedachte maakt het verschil	B	★	blz. 27
8	Ik zie, ik denk, ik vind	AB	★	blz. 28
9	Ik vind, dus ik voel	BC	★★	blz. 29
10	De vijf denkpatronen	B	★ / ★★	blz. 31
11	RET in de ruimte 1	BD	★	blz. 34
12	Twee stoelen	B	★★	blz. 36
13	Interpretatie of evaluatie?	B	★★★	blz. 38
14	Moeten of willen?	BE	★★	blz. 40
15	Een kant van jezelf	B	★★★	blz. 41
16	Taal voor gevoel	C	★	blz. 43
17	Laat maar eens zien!	C	★	blz. 44
18	De volumeknop	C	★ / ★★	blz. 45
19	Van binnen naar buiten	C	★★★	blz. 47
20	Van buiten naar binnen	C	★★★	blz. 48
21	Rationeel-emotieve warming-up	ABE	★ / ★★	blz. 49
22	De trainer is ook maar een mens	D	★	blz. 50
23	RET in de ruimte 2	DE	★	blz. 51
24	RET-stappendemo	ABCDE	★★	blz. 52
25	Nare mensen	D	★	blz. 54
26	Het uitdaagparcours	DE	★★	blz. 55
27	Lees het op de voorpagina	D	★★	blz. 57
28	Was het maar zo …?	D	★★	blz. 58
29	Rampen overdrijven	D	★★★	blz. 60
30	Leven met je valkuilen	D	★★	blz. 62
31	Roddelen	D	★★	blz. 63
32	De andere kant van de medaille	CDE	★	blz. 65
33	Sprookjesland	D	★★★	blz. 66
34	Rol wisselen	DE	★★★	blz. 67
35	De 'hot seat'	DE	★★★	blz. 69
36	Dilemma onderzoeken	E	★	blz. 70
37	Kruip in de huid van …	E	★	blz. 71
38	Rationeel-emotieve verbeelding	E	★★	blz. 73
39	De armen over elkaar	E	★	blz. 75
40	Doe het niet, dat wordt toch niks!	E	★★★	blz. 76

A B C D E

1   CONFRONTERENDE START

DOELSTELLING
Deelnemers ervaren aan den lijve wat spanning is en hoe het denken daar invloed op heeft.

TOEPASSING
Dit is een klassieke introductie-oefening van de RET. Hij is geschikt voor iedere groep.
Je start een situatie die spanning oproept bij de deelnemers. Na een paar minuten stap je eruit en vertel je dat het fake was. De deelnemers reflecteren op hun gevoel en gedachten. Hierdoor ervaren ze aan den lijve wat spanning is en hoe het denken daar invloed op heeft.

WERKWIJZE
– Introduceer deze opdracht heel serieus en geef niet de kans om te gaan praten.
– Na de introductie die hooguit een paar minuten duurt, zeg je: 'Stop, we gaan dit niet doen!'
– Vraag deelnemers op te schrijven welke gevoelens en gedachten ze hebben.
– Plenair inventariseer je gevoelens en gedachten die deelnemers hebben opgeschreven.
– Noteer die op flip-over. Maak daarbij duidelijk onderscheid tussen de gedachten en de gevoelens.
– Laat de groep zelf conclusies trekken na deze oefening.

> **Voorbeelden van situaties**
> Bij een training over feedback: 'We gaan elkaar nu eens echt zeggen wat we van elkaar vinden en we spreken af dat we elkaar niet gaan sparen.'
> Bij een training over klantgericht verkopen: 'Zo meteen stuur ik jullie allemaal naar buiten en spreek je een willekeurige voorbijganger aan.'

TIJD
30 minuten (introductie 5 minuten, inventarisatie 15 minuten, nabespreken 10 minuten).

LET OP
Deelnemers noemen vaak gedachten als je vraagt om emoties. Vraag dan door op emotie, desnoods met behulp van de vier basisemoties (boos, bang, blij en bedroefd).
Zorg dat de A eenduidig is. Zeg bijvoorbeeld: 'Om elkaar beter te leren kennen, gaan jullie een ander uit de groep een massage geven.' En niet: 'Je moet iemand uitkiezen, die ga je masseren en daarna gaan we uitspreken hoe het contact was.' Dan heb je drie A's.
Pas op dat je niet vraagt naar diepe geheimen, eerste seksuele ervaringen en andere zaken die misschien wel eens traumatisch kunnen zijn voor sommige van je deelnemers.

A B C D E

2 ZOEK HET ABC OP PAPIER

DOELSTELLING
Deelnemers kunnen aanleiding A, gedachten B en emoties C onderscheiden.

TOEPASSING
Dit is een oefening op papier. Deze oefening is fijn voor tussendoor en geeft je een indruk van het inzicht van de deelnemers in het ABC-model. Je doet een appèl op het analytisch en inlevend vermogen van je deelnemers.

WERKWIJZE
- Leg uit wat de bedoeling van de oefening is: deelnemers moeten bij de gegeven teksten (zie kader) over drie situaties aangeven wat bij de A, wat bij de B en wat bij de C hoort.
- Laat de deelnemers individueel de drie situaties analyseren.
- Laat de resultaten in tweetallen uitwisselen.
- Bespreek plenair na.

Drie situaties

1. Ik sta nog te trillen, wat een klojo, dat doe je toch niet! Ik stond op het punt om mijn auto in te parkeren. Schiet die vent uit het niets mijn plek op. Ik had zijn auto niet gezien, voor hetzelfde geld waren we op elkaar gebotst. Hij heeft toch ogen in zijn hoofd, hij kan toch zien dat ik in wilde parkeren! Dat was toch duidelijk! Schandalig zulke mensen, ik was woest.
2. Morgen moet ik een presentatie geven voor het MT en net kreeg ik te horen dat de hoogste baas ook aanwezig zal zijn. Dat hadden ze me wel eerder mogen vertellen! Ik ben al enorm gespannen voor die presentatie, komt dat er ook nog bij. Je zult zien dat ik niet alle gegevens heb en dat ze allemaal zien dat ik gespannen ben. Ik moet zorgen dat ik niet afga, want dat zou afschuwelijk zijn. Ik doe al geen oog dicht!
3. Verdorie, ik baal van mezelf! Glad vergeten die goede zakelijke relatie een kerstkaart te sturen. En nu stuurt hij mij er wel een! Ik ben gewoon niet attent, wat zal hij afknappen op mij, vreselijk! Ik zit al een kwartier stilletjes op mezelf te schelden.

Je vindt deze situaties ook als download op www.thema.nl.

TIJD
15 minuten.

A B C D E

3   DE A ALS FOTO

DOELSTELLING
Deelnemers kunnen de A specifiek maken.

TOEPASSING
Dit is een aansprekende metafooroefening, geschikt voor gebruik in alle groepen. Deelnemers vinden het soms lastig om hun leervraag toe te spitsen op concrete situaties. De metafoor van een foto helpt hen om specifieke situaties te beschrijven. Deelnemers komen naar een training om assertief worden, zich beter te presenteren of om te leren verkoopgesprekken te voeren en hebben een globaal leerdoel. Ze nemen als het ware een heel fotoboek mee naar de training. De RET-stappen zijn echter beter toepasbaar op losse foto's dan op hele albums.

WERKWIJZE
– Leg het doel van de opdracht uit en licht de metafoor van de A als foto toe (zie kader).
– Vraag de deelnemers om zich het fotoboek voor te stellen en er in gedachten door te bladeren.
– Vraag de deelnemer om een foto uit te zoeken die actueel is en te veel spanning oproept.
– Laat de deelnemers in tweetallen hun foto in woorden beschrijven. Laat ze elkaar helpen door vragen te stellen. Wat zien we precies op deze foto? Wie staan er op? Wat wordt er gezegd of gedaan?

> **Voorbeeld in een verkooptraining**
> 'Jullie hebben in je werk als verkoper ervaren dat je vaak met lastige situaties en allerlei eigen emoties te maken hebt. Je hebt als het ware een fotoalbum dat heet 'Mijn onzekerheden en frustraties bij het verkopen'. In dat album staan allerlei foto's: heel concrete momenten die ook echt door een fotograaf hadden kunnen worden vastgelegd. Pak nu eens een recente foto uit dat album. Kies een foto waarvan je nu, achteraf, denkt: 'Ik ben niet tevreden over mijn emotionele reactie op die foto.' Dan gaan we daar eens het ABC-model op toepassen.'

TIJD
15 tot 30 minuten.

LET OP
De A als foto is wat anders dan de camera-check, die in andere vormen van de cognitieve

gedragstherapie wordt gebruikt. Bij de camera-check wordt de A zo objectief mogelijk beschreven. Voorbeeld: 'Bij het laatste gesprek met mijn opdrachtgever kreeg ik onterechte kritiek op mijn rapport.' Bij toepassing met de camera-check zou 'onterecht' onder de B komen te vallen. In de RET plaatsen we de 'waarheid' (terecht of niet) van de deelnemer in de A. Voorbeelden van A's zijn: 'Mijn baas spreekt nooit zijn waardering voor mijn werk uit' of 'Ik heb het fout gedaan'. Met het vaststellen van de foto ga je dus mee in de interpretatie van de deelnemer.

4 MET EEN LOEP DE A ONDERZOEKEN

DOELSTELLING
Deelnemers kunnen de A heel specifiek maken.

TOEPASSING
Deze oefening gaat diep in op de A en is geschikt in trainingsprogramma's waar de RET uitgebreid aan bod komt. Denk aan trainingen stressbestendigheid, persoonlijke effectiviteit en persoonsgerichte trainingen. Je kunt deze oefening doen voor of nadat je de deelnemers een ABC hebt laten maken. De oefening is met name toepasbaar als je merkt dat de deelnemers in niet-concrete, algemene termen praten over lastige situaties.

WERKWIJZE
- Geef een demonstratie met een A van één van de deelnemers en vraag gericht door op wat er gebeurt, en wat precies in de situatie lastig is voor de inbrengende deelnemer. In de RET proberen we te achterhalen welk kenmerk van de gegeven situatie precies de aanleiding is voor het gevoel dat de deelnemer dwarszit. Het is voor deelnemers nuttig om de precieze 'trigger' in de situatie te weten. Zo kunnen ze zich op toekomstige situaties beter voorbereiden.
- Laat de deelnemers in twee- of drietallen A's maken.
- Als logische vervolgstap kun je uitgebreid de B en C in kaart laten brengen.

> **Voorbeelden**
> Een deelnemer vertelt dat zijn baas tijdens de wekelijkse teamvergadering een cynische opmerking heeft gemaakt over zijn functioneren. Waar gaat het dan precies om? Gaat het om de cynische opmerking? Of is die nog wel te verteren, maar is het feit dat het tijdens een teamvergadering gebeurt de reden van de boosheid?
>
> Een deelnemer geeft aan stress te ervaren als hij tijdens zijn presentatie voor een grote groep mensen onderbroken wordt door een kritische vragensteller. Uitgerekend nu de directeur erbij zit. Bovendien is de presentatie al tien minuten uitgelopen... Dit zijn al drie aspecten van de A. Welke hangt het meest samen met de stress?

TIJD
15 tot 30 minuten.

5 AANLEIDING VASTSTELLEN VIA DE C ★★★

DOELSTELLING
Deelnemers vinden hun persoonlijke A's en maken een opstapje voor het opstellen van een ABC.

TOEPASSING
Soms komt het voor dat deelnemers het moeilijk vinden om situaties te vinden. Ook als je met herkenbare voorbeelden in het thema van de training komt, kun je deelnemers treffen die zeggen: 'Ik heb die situaties niet.' Of: 'Ik heb er geen last van.' Met deze oefening kun je hen op gang helpen.

WERKWIJZE
- Vraag de deelnemers of ze de afgelopen weken wel eens boos, bang of bedroefd zijn geweest. Blij laten we hier achterwege omdat deelnemers doorgaans geen last hebben van deze emotie.
- Laat de deelnemers per emotie in groepjes bij elkaar zitten. Er komen zo maximaal drie groepjes.
- Laat ze elkaar in het groepje ondervragen of er speciale momenten waren waardoor ze zich zo boos, bang of bedroefd gingen voelen.
- Vraag aan de groepjes om de A's kort te presenteren. Het plenair delen van A's en C's kan ook inspiratie opleveren voor die deelnemers die het nu nog steeds lastig vinden.

TIJD
30 minuten.

LET OP
Wanneer deelnemers er niet in slagen om vanuit de emotie bij een A te komen, vraag dan naar gedrag dat niet effectief is. Voorbeeld: piekeren, slecht slapen, klagen, uitstellen of uitvallen naar een collega, enzovoort. Vraag dan naar de aanleiding A voor dit gedrag.

ABCDE

6   OPSTELLEN VAN EEN ABC   ★★

DOELSTELLING
De deelnemers kunnen een ABC opstellen.
Deelnemers leren het onderscheid tussen denken, voelen en doen.

TOEPASSING
Deze oefening is geschikt voor iedere groep waarin je de RET persoonlijk wilt maken. Als deelnemers elkaar niet goed genoeg kennen, kunnen ze individueel een ABC maken zonder dat ze die in kleine groepjes uitwisselen.

WERKWIJZE
– Leg het ABC uit.
– Vraag iedere deelnemer individueel een eigen ABC te maken over een situatie die ze lastig of spannend vinden.
– Benadruk dat de C zowel voor de emotie als het niet-effectieve gedrag staat. Je wilt dat deelnemers onderscheid gaan maken tussen denken, voelen en doen. Deelnemers staan meestal niet stil bij dit proces, maar het is een belangrijke stap om de RET te kunnen begrijpen.
– Laat de ABC's uitwisselen in kleine groepjes. Bij het uitwisselen kijken de deelnemers of de ABC's kloppen. Geef ze de volgende vragen mee:
   - Wat is de emotie bij C?
   - Wat het niet-effectieve gedrag?
   - Roepen deze gedachten de emoties op die staan beschreven?
– Na het opstellen van het ABC heb je vele mogelijkheden om door te gaan, afhankelijk van je doelstellingen. Wil je het ABC verder uitdiepen, dan zijn alle oefeningen die afzonderlijk ingaan op onderdelen van het ABC geschikt. Je kunt ook doorgaan met het uitdagen en formuleren van nieuwe gedachten.

TIJD
45 minuten (uitleg 10 minuten, individueel 10 minuten, uitwisselen 15 minuten, nabespreken 10 minuten).

A B C D E

7   DE GEDACHTE MAAKT HET VERSCHIL

DOELSTELLING

Deelnemers ontdekken dat één A verschillende emoties op kan roepen en dat de *gedachten* over deze aanleiding de aard van de emotie in C (bang, boos, blij, bedroefd) bepalen.

TOEPASSING

Deze oefening is geschikt voor groepen die niet of nauwelijks bekend zijn met de principes van de RET en ook voor groepen waarvan de deelnemers elkaar niet kennen. Je kunt goed met deze oefening het RET-onderdeel van de training of workshop starten. Je vraagt de deelnemers zich in te leven in een ander en daardoor komt deze oefening niet dicht op de huid.

NODIG

Vier flappen:

A	A	A	A
B	B	B	B
C Bang	C Boos	C Bedroefd	C Blij

WERKWIJZE

– Hang de vier flappen verspreid in de zaal op. Op de flappen staat steeds dezelfde aanleiding: een A die herkenbaar is voor de deelnemers en past bij het trainingsthema. Bij een verkooptraining is koude acquisitie voor veel mensen een A die stress oplevert, voor leidinggevenden het houden van een correctiegesprek, enzovoort.
– Leg uit dat er vier basisemoties zijn: bang, boos, blij en bedroefd.
– Deel de groep op in vier subgroepen, zet bij iedere flap een subgroep.
– Vraag ze zich in te leven in iemand die de emotie van de flap heeft bij de afgesproken A, en laat ze de gedachten op de flap schrijven die in hen opkomen en die passen bij de emotie.
– Wissel plenair uit terwijl de groepen bij de flaps staan.
– Nabesprekingsvragen zijn: Wat hebben de deelnemers ontdekt? Kloppen de gedachten met de genoemde emotie?
– Afhankelijk van de tijd die je beschikbaar hebt, kun je verschillende vervolgstappen maken:
  - De deelnemers zelf een ABC laten maken en bespreken in tweetallen.
  - Doorgaan met de verschillende soorten irrationele denkbeelden (zie bijlage 1).
  - Een demonstratie geven aan de hand van het stappenplan (oefening 24).

TIJD

30 minuten.

A B C D E

8   IK ZIE, IK DENK, IK VIND

DOELSTELLING
De deelnemers ontdekken het verschil tussen waarnemen, interpreteren en evalueren.

TOEPASSING
Deze oefening kan voor veel verschillende doelgroepen en toepassingen gebruikt worden. De oefening vergroot het bewustzijn van deelnemers over het waarnemingsproces. Deelnemers schieten nog wel eens in een oordeel over een situatie en vergeten dat ze daarvóór ook nog waarnemen en interpreteren. Voor toepassing in de RET benadruk je het onderscheid tussen waarnemen, interpreteren en evalueren: *ik neem waar, ik denk en interpreteer, ik evalueer en oordeel*.

WERKWIJZE
- Vraag de deelnemers goed op te letten en geef vervolgens een demonstratie waarin je bewust bepaald gedrag neerzet: je acteert heel onzeker, of doet juist een beetje kribbig of terneergeslagen bij een korte inleiding over een onderwerp.
- Laat de deelnemers opschrijven wat ze zien en hoe ze presentatie en presentator beoordelen.
- Leg de begrippen waarnemen, interpreteren en evalueren uit.
- Verspreid in de zaal enkele setjes van deze drie stappen op papier.
- Laat de deelnemers in tweetallen hun bevindingen bespreken en sorteren in het goede vakje: wat is een waarneming; wat is een interpretatie; wat is een evaluatie.
- Bespreek plenair na waar de moeilijkheden nog zitten.
- Doe oefening 13 (Interpretatie of evaluatie?) als ze het nog niet snappen.

Setje met drie stappen		
1. Waarneming	2. Interpretatie	3. Evaluatie

TIJD
25 minuten.

9 IK VIND, DUS IK VOEL   ★★

DOELSTELLING
Deelnemers ontdekken dat één A verschillende emoties op kan roepen en dat de *gedachten* over deze aanleiding de aard van de emotie bepalen.
Deelnemers worden zich bewust van de lichamelijke gewaarwordingen bij emoties in hun lichaam.

TOEPASSING
Deze dynamische oefening is geschikt voor groepen die elkaar kennen, maar niet of nauwelijks bekend zijn met de RET. De oefening lijkt op oefening 7 (De gedachte maakt het verschil), maar is confronterender voor de deelnemers omdat je nu vraagt naar eigen gedachten en emoties.

NODIG
Tape en vier vellen papier met op ieder vel een basisemotie, in elk kwadrant van het kruis komt één vel papier te liggen (zie kader).

WERKWIJZE
– Voordat je de oefening start, leg je kort uit dat er vier basisemoties zijn: bang, boos, blij en bedroefd.
– Maak met tape een groot kruis middenin de zaal, leg in elk kwadrant een basisemotie op papier.
– Laat een van de deelnemers met één lastige A komen, passend in het onderwerp van de training.
– Vraag vervolgens aan de deelnemers om te gaan staan in het kwadrant met de emotie die ze het sterkste voelen bij deze A. Vraag degenen die niet kunnen kiezen om toch maar even in een kwadrant te gaan staan.
– Vraag de deelnemers zich in te leven in de emotie, met vragen als: wat voel je in je lichaam als je deze emotie hebt? Welke gewaarwordingen heb je waar je nu staat?
– Laat de deelnemers per kwadrant met elkaar bespreken welke gedachten ertoe hebben geleid dat ze bij die emotie zijn gaan staan.
– Wissel plenair per emotie de belangrijkste gedachten uit.
– Herhaal de oefening door een andere A te nemen.

```
Boos                    |    Bang
                        |
            ────────────┼────────────
                        |
Blij                    |    Bedroefd
```

VARIANT

Vraag deelnemers – nog steeds dezelfde A besprekend – ook eens bij een andere emotie te gaan staan en te onderzoeken welke gedachten daarbij een rol spelen. (De emotie Blij wordt vaak overgeslagen, maar kan nuttige nieuwe invalshoeken geven.) Na deze oefening is het interessant om te onderzoeken welke gedachten de gevoelens nog verder kunnen opstoken. Je kunt ook met de groep dieper ingaan op aard, nut en intensiteit van de emoties. Zie oefeningen 17 (Laat maar eens zien!) en 18 (De volumeknop).

TIJD

45 minuten.

10 DE VIJF DENKPATRONEN   ★ / ★★

DOELSTELLING
De deelnemers leren vijf belemmerende denkpatronen kennen en onderscheiden.
De deelnemers kunnen gedachten verwoorden die horen bij een denkpatroon.

TOEPASSING
Deze werkvorm is geschikt voor groepen die bekend zijn met het ABC-model en waarmee je dieper de B wilt uitwerken. De vijf denkwijzen of denkpatronen roepen bij deelnemers veel herkenning op en door deze oefening gaan ze nog meer leven. Bijlage 1 gaat dieper in op de verschillende denkpatronen.

NODIG
Vijf vlakken op de grond met in ieder vak een papier met daarop een van de denkpatronen: perfectionisme, lage frustratietolerantie, liefdesverslaving, eisend moralisme en rampdenken.

WERKWIJZE
- Maak, voordat je de oefening begint, met tape op de grond vijf vakken, met in ieder vak een A4'tje met de tekst naar beneden.
- Draai een A4'tje om en vertel kort iets over deze manier van denken. Doe dit met alle vijf de vakken.
- Vertel daarna een A.
- Nodig een deelnemer uit om in een van de vakken te gaan staan en een gedachte te noemen die deze denkwijze uitdrukt.
- Vraag een andere deelnemer om bij deze A in een ander vak te stappen en een gedachte te verwoorden die past bij dit patroon, enzovoort.
- Geef een andere A of laat deelnemers zelf een A noemen en herhaal de opdracht.
- Laat de deelnemers bespreken welke overlap ze zien tussen de verschillende denkwijzen.

> **Voorbeeld in een training 'Onderhandelen'**
> Een goede klant geeft tijdens een gesprek aan dat de prijs echt naar beneden moet, anders gaat hij naar de concurrent. Het gaat niet zo goed met de verkoop, dus je wilt de klant graag houden, maar er kan niets van de prijs af.
> Lage frustratietolerantie: 'Zie je wel, dat heb ik weer, hoe moet ik dit nu oplossen, ik kan er niet tegen dit soort gesprekken te voeren.'
> Liefdesverslaving: 'Oh hemel, als ik weiger, vindt hij mij niet meer aardig en kan ik fluiten naar de opdracht.'   →

> Perfectionisme: 'Ik moet dit goed uit onderhandelen, anders ben ik geen goede accountmanager.'
> Eisen stellen aan anderen: 'Ze zullen ook alles doen om je uit te wringen. Er bestaat geen respect meer, schande!'
> Rampdenken: 'Daar begint het en ik moet vanmiddag ook nog naar klant X en die wil ook korting. Op deze manier kom ik nooit aan mijn target en ...'

TIJD
30 minuten.

LET OP
Denkwijzen overlappen elkaar en kunnen cocktails worden. Rampdenken kom je geregeld tegen in combinatie met perfectionisme. 'Als ik een fout maak, loopt het slecht met mij af', is dan de redenering. Of 'ik kan er niet tegen als anderen mij niet aardig vinden': een combinatie van lage frustratietolerantie en liefdesverslaving (zie bijlage 1).

A B C D E

11 RET IN DE RUIMTE 1   ★

DOELSTELLING
De deelnemers leren vijf belemmerende denkpatronen kennen en onderscheiden.

TOEPASSING
Een actieve werkvorm die geschikt is voor gebruik in korte trainingen en workshops met veel deelnemers. Je vraagt de deelnemers in welk denkpatroon ze zich het meest herkennen (zie bijlage 1) en deze zelfonthulling maakt de oefening spannend, zonder dat deelnemers al te specifiek hoeven te zijn.
De oefening kan daarnaast in het RET-onderdeel van een training heel goed plaatsvinden voordat je overgaat tot uitleg van het uitdagen.

NODIG
Vijf flip-overvellen:

Perfectionisme	Lage frustratie-tolerantie	Liefdesverslaving	Moralisme/eisen	Rampdenken

WERKWIJZE
- Hang in elke hoek van de ruimte een flap en leg een vijfde flap in het midden van de zaal. Schrijf op elke flap een gedachtegang of denkpatroon.
- Vraag de mensen een keuze te maken uit de verschillende locaties op basis van wat ze bij zichzelf herkennen.
- Vraag aan de deelnemers om met hun groepje te delen waarom ze bij deze flap staan en laat ze een paar lastige situaties, gedachten en gevoelens delen.
- Laat de groepjes plenair een aantal situaties met bijbehorende gedachten vertellen aan de rest van de groep of laat ze situaties bedenken die typisch lastig zijn bij deze denkwijze.
- Vraag de mensen om naar de hoek of plek te gaan met de gedachtegang waar ze het minst vaak last van hebben.
- Per groepje wordt met de groep wat gedachten gedeeld (E's) waardoor ze van dit denkpatroon niet zoveel last hebben.

VARIANTEN
- Laat per groepje een flap maken met irrationele gedachten zoals de deelnemers deze verwoorden.

– Vraag mensen op de plek van de gedachtegang waar ze vaak last van hebben, om hun rapportage aan de groep in de stijl te communiceren van waar ze staan. Bij liefdesverslaving zullen de deelnemers dan veel glimlachen en bevestiging zoeken bij de rest, bij lage frustratietolerantie vertellen ze het op een gefrustreerde manier, enzovoort.

TIJD
25 minuten.

A B C D E

12 TWEE STOELEN ★★

DOELSTELLING
Deelnemers kunnen het onderscheid maken tussen rationele (belemmerende) en irrationele (helpende) gedachten.

TOEPASSING
Heel geschikt als je principes uit de RET wilt gebruiken, maar niet de hele methode wilt behandelen. Je kunt het RET-onderdeel van een training ook starten met deze oefening. De oefening past het beste als een deelnemer of de groep in de training aanloopt tegen de belemmerende werking van wat in de RET irrationeel denken wordt genoemd (zie kader).

NODIG
Twee stoelen voor de groep, waarvan er één is gemarkeerd als 'belemmerend' en de ander als 'helpend'.

WERKWIJZE
- Leg uit dat we soms dingen denken die ons belemmeren, terwijl dat eigenlijk niet nodig is. Introduceer de twee stoelen en leg het doel van de oefening uit: het vinden van de meest belemmerende gedachte, en vervolgens het vinden van een helpende gedachte.
- Vraag de inbrenger of hij wat meer wil vertellen over wat er in zijn hoofd omgaat.
- Vraag de overige deelnemers om beurten op de belemmerende stoel plaats te nemen en laat hen de belemmerende gedachte uitspreken die ze menen te horen bij de inbrenger.
- Laat de inbrenger na een poosje aangeven welke gedachte hem het meeste dwarszit.
- Vraag de deelnemers om op de helpende stoel te gaan zitten en een helpende gedachte te formuleren. Vraag hen daarbij om niet met adviezen in de A te komen, maar met echte gedachten.
- Laat de inbrenger een keuze maken uit de helpende gedachten.
- Vraag hem op de helpende stoel deze gedachte eens goed uit te spreken, en vraag wat het effect op zijn gevoel is.
- Als de inbrenger weer terug op zijn eigen stoel is, vraag dan wie in de groep dit herkent (*sharing*).
- Bespreek eventueel na op het verschil tussen beide stoelen, en het verschil tussen rationeel en irrationeel denken.

> **Signalen van deelnemers om de oefening in te zetten**
> - 'Die tips en die vaardigheden zijn wel leuk allemaal, maar ik durf de stap gewoon niet te zetten.'
> - 'Proberen jullie maar eens met die collega van mij te praten: ik word al ziedend als ik hem zie!'
> - 'Wat ik ook doe: ik ben steeds bang dat ik ga falen met het leiden van dit project, en ik kom tot niets.'
> - 'Ik weet dat ik nu echt een andere baan moet zoeken, maar ik stel het steeds uit!'

VARIANT
Je kunt de inbrenger op de belemmerende stoel laten zitten en vragen om in debat te gaan met deelnemers in de helpende stoel. De oefening kan ook zonder een specifieke inbrenger gebeuren. Benoem dan eerst typische RET-gerelateerde thema's binnen het onderwerp van de training.

TIJD
30 minuten.

LET OP
Als inbrengers geen irrationele eisen aan zichzelf maar aan anderen of de situatie stellen, dan zijn ze vaak nog niet bereid om naar hun eigen gedachten te kijken, maar willen ze eerder de A veranderen. Verkrijg dan eerst hun bereidheid om naar hun belemmerende gedachten te kijken voordat je de oefening start.

13 INTERPRETATIE OF EVALUATIE?

DOELSTELLING
De deelnemers verdiepen hun kennis van het verschil tussen interpretaties en evaluaties.

TOEPASSING
Deze oefening is een verdiepingsslag voor groepen waarin je dieper wilt ingaan op het verschil tussen interpretatie en evaluatie. In de traditie van RET is de evaluatie essentiëler dan de interpretatie. Irrationele B's die in een ABC uitgewerkt worden, moeten een evaluatie bevatten. De interpretatie kan net zo goed onder de A gezet worden. Deelnemers vinden het echter niet altijd makkelijk het onderscheid te zien.

WERKWIJZE
- Leg het verschil tussen de interpretatie en de evaluatie uit (zie uitleg in eerste kader).
- Geef een aantal voorbeeldzinnen aan de groep en vraag ze om aan te geven of elke zin alleen een interpretatie, of een interpretatie met een evaluatie is (zie tweede kader voor voorbeeldzinnen).

Voorbeelduitleg interpretatie en evaluatie

De interpretatie is een *inschatting* van de situatie door een persoon, de evaluatie is het *oordeel* dat hij geeft over die situatie. 'Ik word uitgelachen' is een inschatting, je weet dan nog niet hoe erg iemand dat vindt. 'Ik word uitgelachen en dat is vreselijk beschamend!' is een oordeel. 'Ik word uitgelachen en dat kan me niet zoveel schelen' is een ander voorbeeld van een oordeel.
Bij RET zijn we vooral op zoek naar de oordelen of evaluaties. Als we deze kritisch onder de loep nemen en eventueel veranderen, dan zijn we emotioneel beter tegen een situatie bestand, of onze inschatting van die situatie nu klopt of niet.

Voorbeeldzinnen (met het goede antwoord)

Ik word niet gewaardeerd. (Interpretatie)
Hij komt zijn afspraken niet na. (Interpretatie)
Ik ben geen goede professional. (Interpretatie)
Ik ben geen goede zeehondendresseur. (Interpretatie)
Dat is een waardeloze leidinggevende. (Interpretatie)
Ik word niet gewaardeerd, maar dat moet wel: dit is ontoelaatbaar! (Evaluatie)   →

> Hij komt zijn afspraken niet na, ik vind dat niet zo prettig. (Evaluatie)
> Ik ben geen goede professional, maar dat is niet zo erg, want ik moet nu vooral goed zijn in leidinggeven. (Evaluatie)
> Dat is een waardeloze leidinggevende, dat vind ik wel jammer, maar je kunt niet alles hebben in het leven. (Evaluatie)
> Ik ben geen goede zeehondendresseur, dat kan me niets schelen, want ik zit in vastgoed. (Evaluatie)
> Ik maak een fout. (Interpretatie)
> Publieke bestuurders maken vaak grote fouten. (Interpretatie)
> Publieke bestuurders mogen geen grote fouten maken. (Evaluatie)

VARIANT
In plaats van plenair kan de oefening ook in kleine groepjes gedaan worden, met de voorbeeldzinnen op papier.

TIJD
10 minuten.

A B C D E

14 MOETEN OF WILLEN? ★★

DOELSTELLING
Deelnemers herformuleren hun eisen aan zichzelf in wensen.
Deelnemers leren het effect van taal op hun gevoel.

TOEPASSING
Deze korte en verhelderende oefening kan worden gebruikt in groepen die tegen eisen aan zichzelf aanlopen (de meeste dus). De RET als methode hoeft niet te worden geïntroduceerd, het is in feite een snelle manier om deelnemers hun irrationele gedachten te laten vervangen door meer effectieve gedachten. Ook in trainingen waarin de RET een duidelijke plaats heeft, is de oefening goed bruikbaar, met name in het onderdeel waar je, na het uitdagen, de groep laat zoeken naar effectieve gedachten.

WERKWIJZE
- Vraag de deelnemers individueel een paar dingen op te schrijven die ze momenteel moeten, bijvoorbeeld een klus afmaken, naar de huisarts gaan, hun cv bijwerken, enzovoort.
- Vraag vervolgens aan de deelnemers om de woorden 'Ik moet' te vervangen door 'ik wil' of 'Het is beter dat ik'.
- Vraag de deelnemers om kort in tweetallen te bespreken of de herformuleringen kloppen met de realiteit.
- Vraag bij de plenaire nabespreking of iedereen eruit kwam, behandel zo nodig een paar zinnen plenair. Vraag ook wat het effect van de nieuwe formuleringen op hun gevoel is.
- Sluit af met de conclusies van de oefening: taal heeft invloed op ons gevoel, en onder veel eisen ligt een heel reële wens ten grondslag.

TIJD
10 minuten.

LET OP
Soms concluderen deelnemers dat ze wat ze moeten niet willen, en dat het ook niet beter voor ze is. Laat hen in dat geval reflecteren op waarom ze dit überhaupt moeten van zichzelf ...

A B C D E

15 EEN KANT VAN JEZELF   ★ ★ ★

DOELSTELLING
Deelnemers ontdekken hun irrationele gedachten door zich helemaal te verplaatsen in een kant van zichzelf die soms irrationele gedachten heeft.
Deelnemers ontdekken dat ze niet samenvallen met hun gedachten.
Deelnemers accepteren dat ze soms irrationeel denken.

TOEPASSING
De oefening werkt in langer bestaande groepen die taakvolwassen zijn in zelfreflectie, ongeacht het thema van de training. Ze is geleend uit de methode van *voice dialogue* en kan deelnemers helpen met het vinden van hun irrationele gedachten. Daarnaast helpt het hen om te accepteren dat ze soms irrationeel denken.

WERKWIJZE
– Leg uit, voordat je met de inbrenger verder praat, dat mensen verschillende kanten in zich hebben die soms om de aandacht vragen. De vijf irrationele denkpatronen (in bijlage 1 beschreven) zijn voorbeelden van kanten in onszelf die soms in ons denken de boventoon voeren. Leg uit dat deze kanten dominant kunnen zijn, maar dat we als persoon niet samenvallen met deze kanten.
– Zet twee stoelen naast elkaar voor de groep en laat de inbrenger op een stoel naar keuze plaatsnemen. Leg uit dat dit zijn stoel is en dat de kant in hem die bij de A zo'n sterke rol speelt, zo direct in de andere stoel komt te zitten.
– Laat de inbrenger in de andere stoel plaatsnemen en vraag hem om zich helemaal te richten op deze kant in hemzelf, bijvoorbeeld de perfectionist. Geef hem even de tijd om daar te komen.
– Stel de inbrenger in zijn nieuwe rol vragen over hoe hij in het leven staat en tegen dingen aankijkt, zoals bijvoorbeeld deze A. Daag niet uit, en veroordeel niet, maar stel slechts verdiepende vragen.
– Stel als laatste vraag: wat is vooral de waarschuwing of de boodschap die je jezelf, zoals je daar net zat in de andere stoel, wilt meegeven?
– Laat de inbrenger op de eerste stoel plaatsnemen en laat hem stoom afblazen.
– Bespreek zorgvuldig na (zie kader voor voorbeeldvragen).
– Geef de overige deelnemers de kans om te delen wat ze herkennen van zulke kanten in zichzelf.
– Zeer taakvolwassen deelnemers kun je deze oefening eventueel in tweetallen laten oefenen.

> **Potentiële nabesprekingsvragen bij deze oefening**
> – Wat is het verschil in hoe je je voelt op beide stoelen?
> – Wat denk je dat het nut van deze kant voor jou is?
> – Is er een gedachte die je irrationeel vindt, en die je niet helpt?

TIJD
5 tot 10 minuten per persoon.

LET OP
Deze oefening kan inbrengers raken: het is vaak een pittige innerlijke strijd die met deze oefening naar boven komt. Ga tijdens de oefening niet de stem op de tweede stoel uitdagen. Dit kan wel op verzoek van de inbrenger na afloop van de oefening: zie daarvoor de oefeningen verderop (vanaf oefening 22) die gaan over het uitdagen (D).

A B C D E

16 TAAL VOOR GEVOEL

DOELSTELLING
Deelnemers leren hoe gevoelens in taal worden uitgedrukt.

TOEPASSING
Niet alle groepen vinden het gemakkelijk om hun emoties en gevoelens te benoemen, sommige groepen zitten wat meer 'in hun hoofd'. Deze oefening werkt goed als je zulke groepen wat meer *feeling* wilt laten krijgen voor waar de C in RET voor staat. De oefening is een veilige voorbereiding op werken met eigen ABC's omdat nog niet wordt ingegaan op hun eigen aanleidingen of A's.

WERKWIJZE
– Hang flappen in de ruimte op met de vier basisemoties: bang, boos, blij en bedroefd.
– Laat de deelnemers woorden en uitdrukkingen op de flappen schrijven die deze emoties voor hen uitdrukken.
– Bespreek in de ruimte met alle deelnemers per flap na. Maak in de nabespreking onderscheid tussen woorden die een fysiek gevoel uitdrukken en woorden die een emotie beschrijven. 'Ik krijg het warm' kan zowel op boosheid als op angst wijzen. Ook een woord als 'spanning' is vaak net als een frikandel: je weet nooit wat erin zit. Vraag dan door op hoe dit woord op deze flap terechtkomt.

VARIANT
Laat de deelnemers in meegebracht materiaal (bijvoorbeeld een paar dag- en weekbladen) woorden en uitdrukkingen zoeken die een emotie uitdrukken.

TIJD
25 minuten.

A B C D E

17 LAAT MAAR EENS ZIEN!

DOELSTELLING
De deelnemers onderzoeken de zin van emoties: waar dienen emoties voor?
De deelnemers leren het onderscheid tussen effectieve en belemmerende emoties, en de gevolgen daarvan op gedrag.

TOEPASSING
Deze werkvorm kan voor veel verschillende doelgroepen en toepassingen gebruikt worden, bijvoorbeeld als speelse start van een trainingsonderdeel of als actieve onderbreking, waarbij het niet per se noodzakelijk is de RET uit te leggen.
Deelnemers zijn zich doorgaans niet bewust van de functie van emoties. Door helder te maken dat emoties aanzetten tot actie en dat emoties dienen om ons te motiveren, help je deelnemers zich bewuster te zijn van de emoties.

WERKWIJZE
- Maak vier subgroepen met elk een basisemotie (bang, boos, blij en bedroefd) als uitgangspunt.
- Laat iedere subgroep bespreken wat de functionaliteit van deze emotie is.
- Zet hulpvragen op flap (zie kader).
- Laat de groepen twee situaties kiezen en vraag ze daar een scène van te maken die ze gaan spelen voor de groep: eerst één scène waarin de emotie zichtbaar belemmert en daarna één scène waarin de emotie zichtbaar functioneel is.
- Bespreek na iedere twee scènes wat de functie van de emotie is.

> **Vragen**
> Waar dient de emotie voor?
> Wat zou het betekenen als je deze emotie niet had?
> In welke situaties helpt deze emotie en in welke situaties belemmert ze?

TIJD
50 minuten (20 minuten bespreken en voorbereiden, 30 minuten uitspelen en nabespreken).

A B **C** D E

18 DE VOLUMEKNOP

★ / ★★

DOELSTELLING
Deelnemers oefenen in het bepalen van wat, bij lastige A's van anderen en van zichzelf, een gepaste C is.

TOEPASSING
Je kunt deze reflectieve oefening inzetten als je merkt dat de deelnemers worstelen met wat nu een adequate C is. Typische indicaties zijn bijvoorbeeld geluiden als: 'Ja, maar het is dan toch heel logisch dat Daan zo boos is in die situatie?' of 'Het is toch het beste om bij onrecht tot actie over te gaan!'. Oefening 17 (Laat maar eens zien!) kan goed voorafgaan aan deze oefening.

WERKWIJZE
- Leg, als je dat nog niet gedaan hebt, de vier basisemoties (boos, bang, blij en bedroefd) uit. Koppel op flap elke emotie aan een volumeknop (zie kader), en leg uit dat elke volumeknop van 0 tot 10 kan gaan.
- Vraag de deelnemers om in kleine groepjes bij elkaar te gaan zitten.
- Laat ze in de groepjes een paar A's bespreken, en laat ze discussiëren over welke C, op welk volume, ze gepast vinden, gezien deze A's. De A's kunnen van henzelf of van afwezige anderen zijn.
- Zorg ervoor dat je bij de plenaire nabespreking de oorspronkelijke aanleiding voor de oefening nog even naar voren haalt. Benadruk bij de nabespreking ook dat actie ondernemen om de A te veranderen heel goed is, maar dat dit vaak beter lukt met een emotie die niet op te hard volume staat.

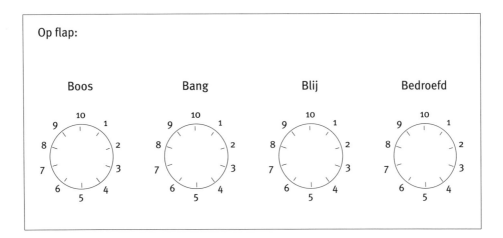

VARIANT

Een kortere variant is om de oefening plenair te doen, met een paar A's van jou, gevolgd door wat A's uit de groep.

TIJD

25 minuten.

A B **C** D E

19 VAN BINNEN NAAR BUITEN   ★★★

DOELSTELLING
Deelnemers onderzoeken hoe emoties zichtbaar worden in non-verbaal gedrag.
Deelnemers ervaren emoties in hun lichaam.

TOEPASSING
Deze beweeglijke oefening kun je goed inzetten in langere programma's met deelnemers die wat te veel 'in hun hoofd' zitten en met voelen minder affiniteit hebben. Deelnemers beginnen met de oefening aan de binnenkant door de emotie te voelen, en onderzoeken vervolgens wat die emotie doet aan de buitenkant: welk gedrag en welke lichamelijke gewaarwordingen treden er op?
Deze oefening kan ook dienen als warming-up.

NODIG
Briefjes (verspreid in de ruimte) met daarop elk één emotie (bang, boos, blij en bedroefd).
Twee stoelen bij elk briefje.

WERKWIJZE
– Vraag de deelnemers in tweetallen bij een stoel te gaan staan.
– Laat de deelnemers zich inleven in de emotie door een of een paar situaties in gedachten terug te halen waar deze emotie een rol speelde.
– Laat ze een paar minuten overeenkomstig de emotie zitten, staan en lopen.
– Vraag de deelnemers uit de emotie te gaan en laat ze in tweetallen kort nabespreken hoe ze deze emotie ervaren in hun lijf: veel of weinig spierspanning, waar in je lichaam zit deze emotie, tot welke actie kan deze emotie leiden, enzovoort.
– Vraag alle deelnemers bij een andere emotie nieuwe tweetallen te vormen en herhaal de oefening.
– Nabespreken is vooral gericht op het delen van ervaringen: hoe vond je de oefeningen; welke emotie vond je moeilijk en welke makkelijk, waren er eyeopeners?

VARIANT
Laat de tweetallen vanuit de emotie een kort gesprekje voeren met elkaar.

TIJD
30 minuten.

20 VAN BUITEN NAAR BINNEN ★★★

DOELSTELLING
Deelnemers worden zich bewust van de non-verbale uiting van gevoelens.
De deelnemers 'lezen' het non-verbale gedrag van anderen.
Deelnemers ervaren dat je door het nadoen van een houding andere gevoelens kunt waarnemen.

TOEPASSING
Deze oefening is goed in te zetten in langere programma's met deelnemers die wat te veel 'in hun hoofd' zitten en met voelen minder affiniteit hebben. De oefening gaat van buiten naar binnen. Deelnemers imiteren een houding en ervaren welke emotie ze bij die houding voelen. Deze oefening kan ook dienen als warming-up.

NODIG
Setjes van twee stoelen tegenover elkaar verspreid over de zaal.

WERKWIJZE
– Verdeel de groep in twee subgroepen. Stuur groep 1 naar de gang en laat hen even wachten op instructie.
– Vraag groep 2, die in het lokaal blijft, zich te verdelen over de setjes van stoelen. Laat hen plaatsnemen in een stoel en vraag hen om één emotie te kiezen: chagrijnig, gestrest, bezorgd, verliefd, cynisch, een binnenpretje hebbend, enzovoort.
– Laat groep 2 een zit- en lichaamshouding aannemen die past bij de emotie.
– Geef groep 1 op de gang instructie om zo direct tegenover een ander in de zaal te gaan zitten, en om diens lichaamshouding zo nauwkeurig mogelijk te imiteren.
– Zet de tweetallen in de zaal kort aan het werk: laat ze de oefening zwijgend doen.
– Laat in de tweetallen de deelnemers van groep 1 kort weergeven welk gevoel ze voelen en laat hen checken of dit klopt.
– Wissel de groepen en herhaal de oefening: groep 2 gaat de gang op, enzovoort.
– Nabespreken is vooral gericht op het delen van ervaringen: hoe vond je de oefeningen; welke emotie vond je moeilijk en welke makkelijk, waren er eyeopeners?

VARIANT
Roep zelf een paar woorden die naar emoties verwijzen en laat de tweetallen de oefening opnieuw uitvoeren zonder dat er mensen naar de gang hoeven.

TIJD
20 minuten.

21 RATIONEEL-EMOTIEVE WARMING-UP

DOELSTELLING
De deelnemers wisselen op energiegevende wijze veelvoorkomende irrationele overtuigingen uit.

TOEPASSING
De oefening is een energizer of warming-up die goed is te gebruiken als de deelnemers al wat weten over irrationele gedachten. Met name vóór het uitdagen is het belangrijk om in een training de groep ook lichamelijk geactiveerd te houden.

NODIG
Een balletje of voorwerp waarmee je kunt gooien zonder elkaar te verwonden.

WERKWIJZE
- Laat de deelnemers staan in een kring. Ze gaan straks de bal naar een mededeelnemer gooien. Wie de bal heeft, beantwoordt kort een door de trainer gestelde vraag die met RET verband houdt (zie kader).
- Start zelf met een eigen voorbeeld.
- Zorg dat iedereen zijn zegje kan doen.

> **Voorbeeldvragen**
> - Welke A vond je vroeger lastig maar kun je nu beter aan, omdat je je er een rationele gedachte over hebt eigen gemaakt?
> - Welke A vind je de laatste tijd lastig?
> - Welke irrationele overtuiging komt in jouw familie veel voor? (Bijvoorbeeld: je moet altijd hard werken, je mag niet kwetsbaar zijn, alle politici zijn zakkenvullers.)
> - Welke irrationele overtuiging komt in jouw organisatie veel voor?
> - Welk motto (E) heeft jou vaak geholpen bij lastige situaties?

TIJD
5 minuten.

A B C D E

22 DE TRAINER IS OOK MAAR EEN MENS

DOELSTELLING
De deelnemers oefenen in het uitdagen van de B van de trainer.

TOEPASSING
Bij deze oefening gebruik je plenair je eigen materiaal, om de groep droog te laten oefenen met uitdagen, voordat ze het bij elkaar gaan oefenen. Het is een mooie introductie op het onderwerp uitdagen. Je kunt de theorie van het uitdagen eerst uitleggen, maar vaak is het leuker om de groep zelf te laten ontdekken wat werkt bij uitdagen, en daarna pas de theorie te geven. Daarvan gaat onderstaande werkwijze uit.

WERKWIJZE
– Zet een eigen ABC op flap, en geef de groep de instructie om vragen en meningen te poneren die jou helpen om op meer effectieve gedachten te komen.
– Vraag een of twee observanten om de inbreng van de groep te noteren die doeltreffend lijkt te zijn.
– Ga zelf dicht bij de groep zitten.
– Beloon non-verbaal interventies uit de groep die werken. Rem adviezen in de A af door te zeggen dat je dat al geprobeerd hebt, maar dat het niet werkt, of door te zeggen dat je het niet alleen bij deze A herkent, en dat je zoekt naar een andere manier van denken.
– Zet de oefening na een poosje stop en stap duidelijk uit je rol van inbrenger door bijvoorbeeld bij de flap te gaan staan.
– Bespreek na, onder andere met behulp van wat de observanten hebben gezien, en koppel de interventies die werkten aan de theorie van het uitdagen. Vergeet niet aan te geven wat jou geholpen heeft en wat nu je E is.

VARIANT
Je kunt deze oefening ook eerder gebruiken voor het in kaart brengen van jouw ABC, om de groep daarmee te laten oefenen.

TIJD
25 minuten (10 minuten uitleg en uitdagen, 15 minuten nabespreken en theorie).

LET OP
Gebruik als ABC niet iets wat te veel in het hier-en-nu leeft, bijvoorbeeld: 'Ik ben zo onzeker over deze training.' Dat voorkomt allerlei onbedoelde effecten in de groep en verlies van je geloofwaardigheid.

A B C **D E**

23 RET IN DE RUIMTE 2

DOELSTELLING
Deelnemers verankeren het anders leren denken.
Deelnemers dagen irrationele gedachten uit.

TOEPASSING
Deze oefening kan in een RET-onderdeel van een training heel goed plaatsvinden voor of nadat je actief met uitdagen en het vinden van een rationele gedachte hebt geoefend in subgroepen. Het is zelfs een goede werkvorm om in te zetten als je niet zoveel aandacht aan het uitdagen hebt kunnen besteden.

NODIG
Flip-overvellen, plakband en stiften.

WERKWIJZE
- Leg in elke hoek van de ruimte en in het midden een flap met bijbehorende gedachtegang of denkpatroon erop geschreven.
- Vraag de deelnemers een keuze te maken uit de verschillende locaties op basis van wat ze bij zichzelf herkennen of waar het ABC waar ze mee werken of hebben gewerkt, over gaat.
- De groepjes bespreken met elkaar waarom dit type gedachtegang zo onhandig, onlogisch en irreëel is.
- Vraag per groepje na welke (een of twee) nieuwe denkbeelden het beste leken te werken, en waarom. Indien het binnen een van de locaties nog moeilijk is: vraag overige deelnemers om even over te lopen naar de locatie en te helpen met effectieve gedachten.

VARIANTEN
- Laat per groepje een flap maken met de belangrijkste conclusies.
- Zet de humor aan: vraag de groepjes om zoveel mogelijk situaties en gedachten uit te wisselen waarin het echt ridicuul was om te reageren vanuit perfectionisme, lage frustratietolerantie enzovoort. Lachen mag, uitlachen ook; het gaat er immers om het absurde van denkpatronen naar boven te halen.
- Laat elk groepje effectieve gedachten uitwisselen die goed werken tegen de irrationele gedachtegang in kwestie.

TIJD
25 minuten.

A B C D E

24 RET-STAPPENDEMO

DOELSTELLING
De deelnemers leren de acht stappen van het RET-stappenmodel (zie kader) toe te passen.

TOEPASSING
Deze werkvorm kan in iedere groep waarin je de RET op persoonlijke problematiek wilt toepassen. Het is een zinvolle en basale werkvorm omdat je volgens dit stappenplan het gehele model aan de hand van een casus van een deelnemer demonstreert.

WERKWIJZE
- Laat de inbrenger schuin naast je voor de groep zitten.
- Vraag de inbrenger zijn verhaal te doen en loop al doende de acht stappen van het model door. Telkens wanneer de inbrenger vastloopt, of wanneer de groep al lang stil is geweest, kun je de groep bevragen op de stap in kwestie, bijvoorbeeld: 'Welke irrationele B denken jullie dat hier vooral speelt?' (voor stap 3) of 'Formuleer eens een meer rationele gedachte die je de inbrenger toewenst' (voor stap 6).
- Laat de inbrenger steeds zelf beslissen welke suggestie uit de groep hij overneemt, en zet het gesprek daarmee voort.
- Bedank aan het einde de inbrenger en doe een *sharing* met de groep: 'Wie herkent zich in zo'n lastige situatie?'

RET-stappenplan

Stap 1 *Beschrijf de A.* Wat is de gebeurtenis, aanleiding of de situatie die het ongewenste gevoel en gedrag oproept?

Stap 2 *Beschrijf de C.* Wat is de ongewenste niet-productieve emotie en het daarmee samenhangende gedrag?

Stap 3 *Formuleer de gewenste C.* Hoe wil je je gaan voelen als dergelijke situaties zich voordoen? Hoe wil je je gaan gedragen?

Stap 4 *Beschrijf de belangrijkste B.* Wat zijn de gedachten waarmee je C veroorzaakt? Beschrijf de interpretaties, maar vooral ook de evaluaties.

Stap 5 *Daag de irrationele gedachten uit* waarmee je het ongewenste gevoel en gedrag veroorzaakt en stel ze ter discussie. →

Stap 6 *Vervang de irrationele gedachten*, die onder B zijn gevonden, *door rationele gedachten*. De antwoorden op de vragen bij stap 5 leveren de bouwstenen aan voor het formuleren van deze meer rationele gedachten.

Stap 7 *Beproef het resultaat*. Test in fantasie of werkelijkheid uit of je door de nieuwe B's, de meer rationele gedachten, beter op de situatie kunt reageren. Hoe voelt het om er zo tegenaan te kijken?

Stap 8 *Maak een oefenprogramma en voer het uit* om de meer rationele en productieve denkwijze in je gedrag in te voeren.

(Bewerking uit: *Hoe maak ik van een olifant weer een mug?*)

TIJD
Variabel per stap.

LET OP
- Behalve stap 1 leent elke stap zich voor groepsparticipatie, maar bij elke stap de groep inzetten haalt wel variatie en vaart weg. Het beste is om de groep in te zetten bij de stappen waar de inbrenger het even niet weet. Stappen 6 en 8 zijn het meest geschikt om met de groep samen te doen.
- Laat de overige deelnemers hun rationele suggesties bij stap 6 op een los blaadje schrijven en geef deze blaadjes mee aan de inbrenger.

A B C D E

25 NARE MENSEN

★

DOELSTELLING

De deelnemers kijken vanuit een ander perspectief naar vervelend gedrag.

TOEPASSING

Deze oefening werkt goed in groepen waar deelnemers veel met lastig gedrag van mensen te maken hebben. Denk aan eerstehulpposten, callcenters, sociale dienst, politie en klachtenafdelingen van bedrijven. De oefening kan goed als introductie zonder dat je de RET als methode uitlegt, maar is ook toepasbaar als je aan het uitdagen bent.

WERKWIJZE

- Leg het doel van de oefening uit en geef een voorbeeld (zie kader).
- Vraag een voorbeeld uit de groep van een akelige buurman, een enge klant, de luie collega of slechte baas.
- Laat overige deelnemers mogelijke verzachtende omstandigheden of motieven noemen.
- Vraag de inbrenger of hij dingen hoort die hem anders of milder over de persoon laten denken.

> **Voorbeeld**
> Jaap heeft al vijf keer gebeld naar de klachtenafdeling om te melden dat hij niet blij is met de service van een andere afdeling. In het laatste gesprek heeft hij een medewerker uitgescholden omdat ze hem wilde doorverbinden. Ze vindt Jaap een onbeschofte vent en ze heeft de hoorn op de haak gegooid. Haar baas gebiedt haar nu om Jaap terug te bellen.
> Welke verzachtende omstandigheden of motieven maken Jaaps gedrag begrijpelijk?

TIJD

5 minuten per persoon.

A B C **D E**

26 HET UITDAAGPARCOURS ★★

DOELSTELLING
De deelnemers oefenen in het uitdagen van irrationele gedachten en kunnen deze gedachten ombuigen naar meer reële gedachten.

TOEPASSING
Voor alle groepen waarin de deelnemers een ABC hebben gemaakt en nu toe zijn aan het uitdagen. Het is handig als iedere deelnemer een ABC heeft met één duidelijke irrationele gedachte.
Deze oefening heeft het meeste effect als de deelnemers al wat geoefend hebben met de principes van het uitdagen. Oefening 22 (De trainer is ook maar een mens) is een leuke opwarmer voordat je aan deze oefening begint.

NODIG
Uitdaagvragen op losse vellen (zie kader voor voorbeelden).

WERKWIJZE
– Leg het doel van de opdracht uit en leg de vragen kriskras door de ruimte. Je kunt ook een demonstratie geven en samen met een deelnemer door het parcours lopen.
– Splits de groep op in tweetallen, 1 en 2. Laat elk tweetal een eigen start- en aankomstpunt neerzetten, bijvoorbeeld een stoel.
– Laat 1 aan 2 vertellen wat zijn ABC en wat de meeste irrationele gedachte is.
– Leg uit dat ze straks naar vragen toe lopen die ze zelf mogen kiezen. Laat 2 de antwoorden van 1 bij elke vraag kort opschrijven.
– Geef het startsein, en laat ze tien minuten werken.
– Vraag de tweetallen naar hun startplek terug te gaan.
– Vraag ze om de aantekeningen te bespreken, en om een E te formuleren.
– Vraag plenair of er moeilijkheden waren en sta er desgewenst even bij stil.
– Herhaal de cyclus, maar nu is 2 de inbrenger.
– Wanneer iedereen het parcours heeft gelopen, vraag je iedereen zijn nieuwe gedachte uit te spreken.
– Bespreek na op welke vragen werkten.

> **Vragen**
> – Helpt deze manier van denken je problemen op te lossen? Leg uit.
> – Wat zegt je beste vriend over deze gedachten? Leg uit. →

- Is het mogelijk dat iedereen je aardig vindt?
- Van wie moet dit? (geldt dat dan voor iedereen?)
- Wat zou je ook kunnen denken zodat je je doelen haalt?
- Welk tegenbewijs is er voor deze gedachte?
- Stel dat het ergste gebeurt, kun je dan verder?
- Hoezo kun je er niet tegen?
- Hoe kun je deze gedachte constructiever bekijken?
- Is je gedachte star of flexibel?
- Wat zou er gebeuren als je deze eis opgeeft?
- Ga je beter functioneren als je deze eis stelt?
- Als een kind van tien jaar deze gedachte zou hebben, wat zeg je dan tegen dat kind?
- Is deze gedachte 100% waar?
- Als je een fout maakt, ben je dan totaal mislukt?

TIJD
25 minuten per persoon (uitleg 5 minuten, 5 minuten tweetallen voorbespreken, 10 minuten parcours en 5 minuten formuleren nieuwe gedachte).

LET OP
Leg op de grond zoveel mogelijk verschillende soorten vragen. Niet alle vragen zijn voor elk ABC van toepassing, dus variatie in de vraagstelling is belangrijk. Het is handig om achter iedere vraag 'Leg uit', of 'Hoezo?' te schrijven. De deelnemers worden dan echt gedwongen om op de vragen te kauwen.

27 LEES HET OP DE VOORPAGINA

DOELSTELLING
Deelnemers leren uitdagen door middel van humor en overdrijving.

TOEPASSING
Deze creatieve werkvorm is geschikt om wat sfeer in de groep te krijgen. Het is eveneens een leuke oefening voor groepen die beroepshalve veel moeten schrijven. Enige taalvaardigheid is voor deze oefening wenselijk.

NODIG
Genoeg vellen papier en stiften, eventueel tijdschriften om uit te knippen en plakken.

WERKWIJZE
– Vertel de deelnemers dat ze de voorpagina van hun eigen krant gaan maken. De nieuwsitems die daarop komen, hebben allemaal te maken met lastige aanleidingen, irrationele gedachten en ongewenste emoties.
– Geef iedereen een vel papier en vraag ze de krant een naam te geven (-bode, -dagblad of -krant. Voorbeeld: Benderbode). Laat ze artikelen schrijven met prikkelende koppen en fikse overdrijvingen. Vreselijke fouten, kolossale overtredingen van normen, gierende conflicten, grote rampen, maar bijvoorbeeld ook euforisch-irrationeel goed nieuws.
– Laat de kranten ophangen en laat de deelnemers rondlopen en kijken bij elkaar.
– Bespreek na op effect: wat levert deze oefening op? Vergeet niet de deelnemers hun krant te laten meenemen naar huis.

> **Voorbeeldkoppen**
> – Schrijffout in artikel over het spenen van zaaigoed heeft tot kamervragen geleid.
> – Buurt ontzet …
> – De dramatische afgang van … Goede vrienden spreken van een drama.

TIJD
40 minuten.

A B C D E

28 WAS HET MAAR ZO …? ★★

DOELSTELLING
De deelnemers relativeren hun eigen irrationele eisen door overdrijven.

TOEPASSING
De oefening is geschikt voor veilige, langer werkende groepen die een beetje te serieus zijn geworden. Ze werkt het beste bij irrationele eisen aan anderen of aan de wereld.

WERKWIJZE
- Demonstreer het doel van de oefening met een (eigen) voorbeeld (zie kader). De formule is dat alles en iedereen in de wereld meewerkt om de irrationele eis voor de eiser in te willigen. Vraag de deelnemers met het voorbeeld mee te overdrijven.
- Instrueer de groep om in tweetallen in de ruimte tegenover elkaar te zitten.
- Laat ze met de eis van een van beiden starten: met elkaar fantaseren hoe deze eis in het overdrevene realiteit wordt. Het is de bedoeling dat het tweetal gaat overdrijven: stel dat de eis helemaal lukt! Ook bij deze oefening mag het absurd en grappig worden.
- Laat de tweetallen na een paar minuten wisselen: de andere eis komt nu aan de beurt.
- Vraag bij de nabespreking mooie voorbeelden van overdrijving op, bijvoorbeeld bij een tweetal dat je erg hebt zien lachen. Bespreek ook na op het effect van het overdrijven.

> **Voorbeeld**
> 'Ik vind dat het bestuur in Nederland ondraaglijk ineffectief is. In mijn ideale wereld treden ze allemaal af. Veel bestuurders leggen huilend spijtverklaringen af voor de media waarin ze het boetekleed aantrekken. Een kleine ploeg capabele en sympathieke mensen komt nog diezelfde dag 'vanuit het niets' bij mij aanbellen. Ze bieden zich aan als Superkabinet om het land nu eens effectief te regeren. Ze maken een knieval en beloven plechtig om altijd rekening te houden met mijn wensen, normen en politieke ideeën. In de grondwet wordt vastgelegd dat … enzovoort.

Varianten
- Bij een meer ervaren deelnemersgroep kun je de demonstratie met het voorbeeld aan het begin achterwege laten.
- Bij meer tijd kan deze oefening, in plaats van in tweetallen, ook met een paar deelnemers plenair gedaan worden.

TIJD
20 minuten.

A B C **D** E

29   RAMPEN OVERDRIJVEN   ★★★

DOELSTELLING
De deelnemers relativeren hun eigen rampfantasieën door overdrijven.

TOEPASSING
De oefening is geschikt in veilige, langer werkende groepen die een beetje te serieus zijn geworden.
Het is een paralleloefening van oefening 28 (Was het maar zo …?), alleen iets spannender.

WERKWIJZE
- Demonstreer het doel van de oefening een keer voor de groep met een 'ramp' die je zelf hebt meegemaakt, en vraag de groep mee te overdrijven (zie kader).
- Instrueer de groep om in tweetallen verspreid in de ruimte tegenover elkaar te gaan zitten.
- Vraag elke deelnemer een situatie te bedenken waarin hij wel erg bezorgd is over wat er voor vervelends kan gaan gebeuren.
- Vraag de tweetallen om een paar minuten met een van beide situaties aan de gang te gaan. Het is de bedoeling dat het tweetal gaat overdrijven: van de situatie een echte (denkbeeldige) ramp maken die steeds erger wordt. Het mag gaandeweg absurd worden, en er mag ook gelachen worden!
- Stop na een paar minuten het eerste deel, en laat de tweetallen switchen naar de andere situatie, die op dezelfde wijze aan bod komt.
- Vraag bij de nabespreking een paar vondsten uit de groep terug, bijvoorbeeld van tweetallen die erg aan het lachen waren. Bespreek verder na op het effect van het overdrijven.

Voorbeelden rampscenario's
'Bij de volgende oefening gaan jullie ervaren hoe het is om je eigen rampscenario's een beetje te relativeren en er misschien ook om te lachen. Ik demonstreer aan de hand van een eigen voorbeeld. Stel, ik ben als de dood dat ik mijn huis nooit zal verkopen. Laten we mijn ramp eens verder overdrijven en een beetje absurd maken. De gemeente komt een bord in de tuin plaatsen waarop staat: 'Gifgrond: wegblijven!' Andere ideeën? Hoe kan deze ramp nog erger?'
Ander voorbeeld: 'Ik zíe dit project gewoon mislukken. En dat is helemaal mijn schuld. Nu ben ik een slechte vakman, er wacht me ontslag. En wel onmiddellijk! Ik moet mijn pasje, laptop en lease-auto meteen inleveren. Al mijn collega's staan toe te kijken terwijl ik alles inlever. Mensen ontwijken mijn blik, er wordt meewarig gelachen. Over twee jaar heb ik nog geen passend werk en moet ik bij McDonald's gaan werken. Vrienden, oud-collega's en klanten komen allemaal langs …'

VARIANTEN
- Bij een meer ervaren deelnemersgroep kun je de demonstratie aan het begin achterwege laten.
- Bij meer tijd kan deze oefening, in plaats van in tweetallen, ook met een paar deelnemers plenair gedaan worden.

TIJD
20 minuten.

A B C D E

30 LEVEN MET JE VALKUILEN ★★

DOELSTELLING
De deelnemers oefenen in het accepteren van hun minder goede eigenschappen.

TOEPASSING
Deze korte en prikkelende oefening is inzetbaar is zonder de RET uit te leggen, bijvoorbeeld als deelnemers veel last hebben van hun tekortkomingen. In het kader van een expliciet RET-programma kun je de oefening goed inzetten tijdens de fase van het uitdagen. Zelfacceptatie in plaats van zelfveroordeling is het motto.

WERKWIJZE
– Vertel niet het doel van de oefening, maar vraag de deelnemers om op een blaadje vijf positieve eigenschappen of kwaliteiten van zichzelf te schrijven, en op een ander blaadje vijf negatieve eigenschappen of valkuilen.
– Laat iedereen zijn blaadjes met positieve eigenschappen wegstoppen. Nog leuker is als je de blaadjes met positieve eigenschappen inneemt en demonstratief verscheurt of in de prullenbak laat verdwijnen.
– Vraag de deelnemers om in tweetallen te reflecteren op de volgende vragen: 'Stel, je moet het de rest van je leven met alleen deze vijf negatieve eigenschappen of valkuilen doen. Is het mogelijk dat je jezelf nog kunt accepteren, mag er nog een plaats zijn voor jou in de wereld? Is er dan nog een kans om gelukkig te worden of blijven? Welke mogelijkheden zijn er nog in je leven met deze eigenschappen?'

TIJD
15 tot 20 minuten.

31 RODDELEN

DOELSTELLING
De deelnemers oefenen in het uitdagen van het ABC van een inbrenger.

TOEPASSING
De werkvorm 'roddelen', die ook in intervisiegroepen veel wordt gebruikt, is goed te gebruiken in groepen die elkaar al een tijdje kennen. Je zet roddelen typisch in bij het plenair uitdagen van de B van een inbrenger. Het is een plezierig-confronterende oefening die groepscohesie bevordert en meestal een helpende gedachte voor de inbrenger oplevert. Deze oefening kan overigens ook worden ingezet zonder de hele RET uit te leggen.

WERKWIJZE
- Vraag, wanneer een inbrenger aangeeft last te hebben van zijn gedachten, hem om toestemming de oefening te doen.
- Vraag hem om buiten de kring plaats te nemen met een pen en blocnote; hij is er even niet en mag niets zeggen. Maak de kring met de overige deelnemers en jou zelf zo klein mogelijk.
- Geef de groep instructies om liefdevol te roddelen over de inbrenger, maar alleen over het probleem dat hij heeft ingebracht. Vraag de inbrenger om notities te maken van dingen die gezegd worden die hem raken.
- Start zelf met het roddelen/uitdagen, vraag de deelnemers mee te doen. Hou zelf een centrale rol, maar spreek de inbreng van deelnemers niet tegen, en stop onderlinge welles-nietes-discussies tussen deelnemers af (zie voorbeeld in kader).
- Als je inschat dat de inbrenger genoeg is uitgedaagd, vraag hem dan terug in de kring, en laat hem stoom afblazen.
- Vraag de inbrenger ten slotte om een of twee inzichten terug te geven die hem de goede kant op helpen, en deze vast te houden.

> **Voorbeeld**
> Trainer: 'Weet je wat ik nou niet snap van Bart? Hij gaat ervan uit dat zijn team van hem eist dat hij nooit fouten maakt. Maar volgens mij heeft hij meer credits dan hij denkt. Wat denken jullie?'
> Groepslid: 'Ja, hij wil het wel erg graag goed doen.'
> Groepslid: 'En zo lang is hij nog geen teamleider ...'
> Trainer: 'Ja? Wat bedoel je precies?'
> Groepslid: 'Nou, je mag toch gewoon in een baan groeien?' →

> Trainer: 'Precies! Hoe denken anderen daarover?'
> Groepslid: 'Volgens mij mogen Barts teamleden het best af en toe even niet weten, maar hij mag het van zichzelf niet. Dat klopt toch niet?'

VARIANTEN
- Je kunt roddelen ook inzetten als een inbrenger niet precies weet van welke B hij last heeft. In dat geval oppert de groep zoveel mogelijk irrationele gedachten die zouden kunnen spelen.
- Na een plenaire demonstratie kunnen de deelnemers de oefening eventueel in subgroepjes van vier oefenen.

TIJD
10 minuten.

32   DE ANDERE KANT VAN DE MEDAILLE

DOELSTELLING
Deelnemers verbreden hun opvatting over een onderwerp.
Deelnemers ervaren de samenhang tussen denken en voelen.

TOEPASSING
De oefening is in te zetten bij bedrijfsinterne trainingen waar de deelnemers niet erg overtuigd zijn van de toegevoegde waarde of de boodschap van de training. Bijvoorbeeld klantgericht werken of een reorganisatie die voor allerlei weerstand en onzekerheid zorgt. Het is niet nodig hier de RET als expliciete methode te gebruiken.

WERKWIJZE
- Introduceer de opdracht als een experiment of onderzoek.
- Maak twee groepen.
- Een groep schrijft alle vervelende gedachten die deelnemers hebben over de verandering op flap. De andere groep doet dat met als uitgangspunt de kansen die de verandering met zich meebrengt.
- Vanaf dit punt kun je verschillende vervolgstappen maken:
    - De groepen wisselen van flap en bespreken welke gevoelens de gedachten oproepen. Voeg de groepen samen en vraag de groep conclusies te trekken.
    - De groepen gaan elkaar overtuigen van het gelijk in een debat.
- Bespreek na op het effect op het gevoel van denken in beperkingen, of juist in mogelijkheden en kansen. De kans is groot dat de groep die kansen benadrukt, zich plezieriger zal voelen.

TIJD
15 tot 25 minuten.

A B C **D** E

33 SPROOKJESLAND   ★★★

DOELSTELLING
De deelnemers oefenen in het uitdagen door te overdrijven en te fantaseren.

TOEPASSING
Deze oefening werkt goed als deelnemers elkaar goed kennen. Je gebruikt haar voor, na of zelfs als vervanging van de gewoonlijke uitdagingsvragen, al zullen groepen het makkelijker vinden de oefening te doen als ze die vragen wel kennen.

WERKWIJZE
- Leg uit dat de deelnemers straks sprookjes gaan verzinnen voor elkaar, in relatie tot ingebrachte ABC's.
- Doe plenair een demonstratie, op een ABC van jezelf of op het ABC van een deelnemer (zie kader voor een voorbeeld).
- Vraag de deelnemers in tweetallen uit elkaar te gaan: één van hen is inbrenger, de ander is sprookjesverteller. Laat de inbrenger in het tweetal zijn ABC toelichten, en laat daarna de sprookjesverteller in sprookjesvorm uitweiden over het verhaal van de inbrenger.
- Loop zelf rond en help sprookjesvertellers als ze even vastlopen.
- Laat na tien minuten elk tweetal van rol wisselen, en vraag ze de stappen te herhalen.
- Bespreek kort plenair na: wat waren leuke vondsten, wat heeft dit opgeleverd?

> **Voorbeeld**
> Er was eens een heel keurig meisje genaamd Janneke, en zij was prinses in een land waarin iedereen altijd heel erg zijn best deed om keurig te zijn. Alle stoepjes waren altijd schoongeveegd, niemand haalde ooit een drie voor zijn dictee en zelfs de vogeltjes stopten voor het rode stoplicht. Het eerste wat de bewoners van dit keurige land 's ochtends bedachten bij het opstaan was: 'Zou Janneke vandaag ook wel keurig genoeg zijn?' en op die gedachte zaten ze nog flink te broeden terwijl ze bij het ontbijt hun boterhammen sneden in perfect vierkante, allemaal even grote stukjes. Iedereen, behalve Janneke, want zij kreeg natuurlijk geen hap door haar keel! Op een dag zei de koning tegen Janneke …

TIJD
25 minuten.

LET OP
Als je inschat dat je deelnemers elkaar horrorverhalen gaan vertellen, spoor ze dan aan om het licht en humoristisch te houden.

A B C **D E**

34 ROL WISSELEN ★★★

DOELSTELLING
De deelnemers verankeren en verinnerlijken een nieuwe, meer realistische wijze van denken.

TOEPASSING
Rol wisselen is een oefening die je met name in groepen kunt doen die al grondig hebben kennisgemaakt met het principe van uitdagen. Typisch signaal om de oefening in te zetten, is wanneer je deelnemers zeggen: 'Ja, ik weet het wel met mijn hoofd, maar ik *voel* het gewoon niet zo.'
De basis van de oefening is dat mensen een effectievere manier van denken pas in hun tenen gaan voelen als ze een ander met verve daarvan moeten overtuigen.

WERKWIJZE
- Vraag de deelnemer die aangeeft dat hij zijn E wel rationeel gelooft, maar nog niet gevoelsmatig, om met jou van rol te wisselen: hij wordt als het ware de coach en jij neemt zijn rol van inbrenger over.
- Jij spreekt in termen van het oorspronkelijk ingebrachte ABC van de inbrenger, en maakt dit zelfs nog wat sterker door taal uit te spreken die de inbrenger misschien niet letterlijk heeft gebruikt, maar waarvan je vermoedt dat deze denkbeelden wel leven. Zie voor een voorbeelddialoog het kader hieronder.
- De oorspronkelijke inbrenger moet jou beargumenteerd op rationelere gedachten brengen. Pas als hij echt overtuigend vanuit zijn tenen spreekt, geef je je gewonnen.
- Laat tot slot de inbrenger een nieuwe E voor zichzelf opschrijven.

Voorbeelddialoog bij rol wisselen
Trainer: 'Oké, Heleen, misschien kun jij me helpen. Ik weet gewoon zeker dat ik op mijn werk binnenkort door de mand ga vallen, dat iedereen erachter komt hoe weinig ik voorstel! (=B) Mijn optreden in de vergadering (=A) bewijst dat. Dit is toch vreselijk? Ik ben doodsbenauwd, zeg nou zelf? (=C)
Heleen: 'Misschien valt het wel mee ...'
Trainer: 'Valt het wel mee?!? Het is een gehaaide afrekencultuur waarin ik werk hoor, bovendien moet je je als vrouw extra bewijzen!'
Heleen: 'Eh, ja, dat is wel zo ...'
Trainer (overdrijft): 'En weet je, ze hebben nog gelijk ook. Wat zij in die vergadering van me hebben gezien, is eigenlijk ook het enige wat ik kan.'
Heleen: 'Nee, dat is niet waar hoor! Je werkt er al vier jaar en hebt echt ook succesvolle prestaties geleverd! En veel mensen in die vergadering weten dat ook.' →

> Trainer (verwoordt onderliggende angst): 'Hm, ja, dat is misschien wel zo ... Maar als ik toch word ontslagen, dan heb ik helemaal niets meer, dan is het helemaal voorbij!'
> Heleen: 'Hoe bedoel je? Zelfs als ze je daar afwijzen, heb je toch nog steeds wel kwaliteiten?'
> Trainer: 'Oja? Welke dan?'
> Heleen somt er een paar op. Als ze ferm en overtuigend klinkt, stapt de trainer uit zijn stoel en rol en vraagt: 'Nou Heleen, dat laatste kwam echt uit je tenen, klopt dat? Wat neem je hieruit mee?'

VARIANT
Na een plenaire demonstratie kun je de deelnemers in tweetallen van rol laten wisselen op hun eigen ABC's. Het is handig om dan zelf rond te lopen en te helpen waar nodig.

TIJD
5 tot 10 minuten per persoon.

A B C **D E**

35 DE 'HOT SEAT' ★★★

DOELSTELLING
De deelnemers passen effectieve gedachten toe in een spannende hier-en-nu-situatie.

TOEPASSING
In een langer traject kunnen de deelnemers, die elkaar al goed kennen, oefenen met RET in combinatie met een echt spannende situatie in de groep zelf, ze gaan elkaar namelijk feedback geven. De oefening werkt ook goed in intervisiegroepen.

WERKWIJZE
– Leg de oefening uit en vraag de deelnemers om gedachten te formuleren die helpen om tijdens de oefening kalm te blijven.
– Laat de groep in een kring zitten, met in het midden één deelnemer. De groepsleden geven de deelnemer in het midden feedback over zijn gedrag in de groep. Iedereen meldt zowel iets positiefs als iets wat voor verbetering vatbaar is.
– Vraag de deelnemer, voordat de oefening start, om zijn helpende gedachte uit te spreken. Spoor hem aan om deze helpende gedachte te oefenen terwijl hij feedback krijgt.
– Bespreek na: hoe was het om te ervaren? Hielp de helpende gedachte je om rustig te blijven?

TIJD
5 tot 10 minuten per persoon.

A B C D **E**

36 DILEMMA ONDERZOEKEN   ★

DOELSTELLING
De deelnemers weten en ervaren welke overtuigingen met elkaar strijden bij een dilemma.

TOEPASSING
De oefening is bruikbaar in groepen die langer met elkaar werken en waar deelnemers gewend zijn elkaar te bevragen, bijvoorbeeld in trainingen voor leidinggevenden, langere communicatietrainingen, trainingen voor trainers en coaches, enzovoort. De RET hoeft niet uitgelegd te worden. Deze werkvorm ontleent veel aan voice dialogue, waarbij innerlijke stemmen van een persoon expliciet gescheiden worden neergezet.

NODIG
Voor ieder tweetal zijn drie stoelen nodig.

WERKWIJZE
- Verspreid mensen in tweetallen (1 en 2) over de ruimte.
- Geef instructie: vraag 1, de eerste inbrenger, om in de middelste stoel te zitten en dan kort te vertellen over een dilemma waarbij hij twee mogelijke acties van hemzelf ziet. Laat 2 zich opstellen als interviewer: hij stelt vragen, oordeelt niet en geeft geen advies, zodat het dilemma mooi wordt blootgelegd. De twee stoelen aan de buitenkant vertegenwoordigen elk een van de twee tegengestelde overtuigingen. Laat 1 in een buitenste stoel naar keuze zitten en laat hem vertellen wat vanuit die stoel zijn argumentatie is. Laat 2 doorvragen. Als 1 per ongeluk naar redeneringen gaat die met de andere stoel te maken hebben, vraagt 2 hem naar die andere stoel te gaan en zijn opmerking daar te maken.
- 1 kan een paar keer van de ene stoel naar de andere gaan.
- Vraag de tweetallen na acht minuten om, vanuit de middelste stoel, kort na te bespreken. Wat voelde 1 op elk van beide stoelen? Welke irrationele gedachten zijn gevonden, en welke zijn het waard om verder te onderzoeken?

TIJD
10 minuten per persoon.

LET OP
- Het hoeft niet zo te zijn dat deze oefening materiaal oplevert waarop een ABC kan worden gemaakt.
- Het is raadzaam om eerst plenair een voorbeeld (van een deelnemer of van jezelf) te demonstreren.

37 KRUIP IN DE HUID VAN ...

★ / ★★

DOELSTELLING
De deelnemers oefenen effectieve gedachten door zich te verplaatsen in een ander die ze om zijn manier van denken bewonderen.

TOEPASSING
Wanneer je RET niet in je programma hebt, kun je deze oefening doen als je merkt dat je deelnemers tegen hun irrationele gedachten aanlopen. Je hoeft de RET dan niet uit te leggen. Heb je RET wel in het programma, dan werkt de oefening goed bij de fase van het vinden van de E, het nieuwe motto. Het vraagt van je deelnemers dat ze kunnen improviseren in het kruipen van de huid van een ander.

WERKWIJZE
- Vraag de deelnemers iemand in gedachten te nemen die ze bewonderen om hoe deze persoon tegen zichzelf of de wereld aankijkt. Wie veel last heeft van stress, neemt iemand in gedachten die juist met stressvolle situaties goed kan omgaan, enzovoort.
- Demonstreer de oefening eventueel voor de groep, met een voorbeeld van een deelnemer. Geef daarna wat verdiepende voorbeeldvragen op flip-over (zie kader).
- Vraag de deelnemers in tweetallen in de ruimte te gaan zitten, en laat ze lastige situaties uitwisselen waarin ze wel eens piekeren of malen.
- Vraag de eerste inbrengers in de tweetallen om zich te verplaatsen in de huid van de persoon die ze in gedachten hebben, en laat hen in de ik-vorm antwoorden geven op de vragen van de andere deelnemer.
- Zet na 5 minuten de oefening stil, en vraag de deelnemers om onderling twee minuten na te bespreken. Geef de instructie dat de inbrenger één helpend inzicht opschrijft of vasthoudt.
- Wissel de rollen: de ander is nu inbrenger.
- Zet na 5 minuten de tweede helft van de oefening stil, en vraag de deelnemers om onderling twee minuten na te bespreken. Geef de instructie dat de inbrenger één helpend inzicht opschrijft of vasthoudt.
- Bespreek kort na: hoe was dit om te doen? Welke helpende gedachten heeft dit opgeleverd?

Vragen op de flip-over
- Wie ben jij, en wat typeert jou?
- Hoe word jij door mensen in je omgeving omschreven?   →

> - Wat vind jij belangrijk in werk of leven?
> - Hoe kijk jij aan tegen vergaderingen, mislukte projecten, reorganisaties, conflicten, enzovoort (=A)?
> - Wat voor advies heb jij voor ...(naam inbrenger)?

TIJD

25 tot 30 minuten (5 tot 10 minuten demonstratie en uitleg, 15 minuten oefenen in tweetallen, 5 minuten nabespreken).

A B C D **E**

38 RATIONEEL-EMOTIEVE VERBEELDING ★★

DOELSTELLING
Deelnemers ervaren hoe ze rechtstreeks hun gevoel kunnen beïnvloeden.

TOEPASSING
Deze oefening kan op veel momenten worden ingezet. Een geëigend moment is na het uitdagen. Door de situatie terug te halen in je verbeelding krijg je gemakkelijker toegang tot je gevoelens en gedachten. Niet alle deelnemers zullen zich kunnen verplaatsen in oude emoties, maar de oefening is een mooie afwisseling voor de cognitieve invalshoek, omdat je rechtstreeks op het emotionele niveau insteekt.

WERKWIJZE
– Introduceer de opdracht en zeg dat het een experiment is en dat het niet hoeft te lukken.
– Volg de stappen die in onderstaand kader staan.
– Laat eventueel na afloop een paar ervaringen uitwisselen.

Instructie
1. Ontspan je, sluit je ogen of focus op één punt.
2. Stel je de situatie (A) die de trigger is in gedachten zo levendig mogelijk voor.
3. Maak het gevoel dat je erbij hebt, sterker. Zet als het ware de volumeknop van je emotie verder open; bijvoorbeeld van 3 naar 8.
4. Als je bij die sterke emotie bent – het kan wat oefening en tijd kosten –, maak dan de emotie weer zwakker, zonder de situatie te veranderen. Zet de volumeknop lager, totdat je kalmer bent.
5. Open je ogen en bedenk hoe je erin geslaagd bent om kalmer te worden: wat heb je gedaan?
6. Schrijf dit voor jezelf op: wat nu werkt, kan in de toekomst nog eens voor je werken.

TIJD
15 minuten.

LET OP
– De E die hieruit voortkomt, kan een heel andere zijn dan die van na het uitdagen.
– Niet alle deelnemers zullen een nieuwe gedachte vinden; sommige zijn bijvoorbeeld anders gaan staan of zitten en voelden zich daardoor steviger.

A B C D **E**

39 DE ARMEN OVER ELKAAR ★

DOELSTELLING
Deelnemers ontdekken dat gewoonten (ook denkgewoonten) veranderd kunnen worden door oefening en geduld.

TOEPASSING
Hoewel de oefening goed bruikbaar is aan het begin van elke training waar je de groep wilt stimuleren om een start te maken met verandering van hun gewoonten, werkt ze in RET-programma's ook heel goed aan het einde.
De oefening is bedoeld om deelnemers te stimuleren om anders en productiever te gaan denken over zichzelf en hun omgeving: onderdeel van het 'huiswerk'. Ze demonstreert dat het logisch is dat nieuwe dingen in het begin als onnatuurlijk en als 'kunstjes' aanvoelen. Het is dan ook een leuke, korte oefening om in te zetten als deelnemers in je groep aan het einde van het RET-onderdeel betwijfelen of ze het geleerde wel in de praktijk kunnen toepassen.

WERKWIJZE
- Vraag de groep om de armen over elkaar te doen, en doe zelf ook mee.
- Vraag de deelnemers of dit prettig en natuurlijk voelt.
- Vraag vervolgens aan de groep de armen om te draaien; de hand die eerst op de arm lag, komt daar nu onder te liggen, en andersom. Doe het zelf duidelijk voor.
- Vraag de groep hoe dit voelt. Veel deelnemers zullen het onnatuurlijk en onwennig vinden.
- Ga hierop door na hun reacties: wat als je deze nieuwe houding nu een half jaar oefende, zou het dan nog gek en onnatuurlijk voelen? En als je nu naar de anderen kijkt, ziet het er dan onnatuurlijk uit?
- Benadruk de conclusie van de oefening: oefening en geduld baart kunst. Wat jij ziet als onnatuurlijk, hoeft niet als zodanig door andere mensen opgemerkt te worden.

TIJD
3 minuten.

A B C D **E**

40 DOE HET NIET, DAT WORDT TOCH NIKS!   ★★★

DOELSTELLING
De deelnemers worden opgewarmd en meer vastberaden om, na de training, hun E en het huiswerk te oefenen.

TOEPASSING
Deze oefening is afkomstig uit de wereld van provocatief coachen, en heeft de bedoeling om deelnemers steviger in hun voornemens te laten staan, juist door te proberen hen te ontmoedigen de voornemens uit te voeren. Je kunt de oefening het beste inzetten in groepen met mondige deelnemers, aan het einde van het RET-onderdeel.

WERKWIJZE
- Geef het doel van de oefening mee, zonder precies uit te leggen hoe dat gaat gebeuren.
- Geef een demonstratie van een denkbeeldig maar in de groep wel toepasselijk voorbeeld, begin dat zelf te ontkrachten en vraag de deelnemers om mee te doen (zie eerste kader voor voorbeeld).
- Verspreid de deelnemers in tweetallen over de ruimte en wijs hen erop de zinnen op flap als inspiratie te gebruiken (zie tweede kader).
- Laat hen om beurten één voornemen schetsen, waarop de andere deelnemer het voornemen begint te ontkrachten. Als ze nog geen concrete voornemens hebben, kun je ze ook laten werken met een situatie waarin ze emotioneel anders willen reageren, en met welke nieuwe gedachte ze dat willen gaan doen. Vertel hen, voordat ze beginnen, dat het best absurd en grappig mag worden.
- Laat de tweetallen na een paar minuten wisselen.
- Vraag, weer terug in de groep, hoe het gegaan is. Behandel eventueel plenair nog wat voornemens die niet steviger zijn gaan staan bij deelnemers.

Ontmoedigingsvoorbeeld
'Wil je assertiever optreden als leidinggevende? Dat kun je helemaal niet, want daarvoor is het veel te druk! Je kunt nu amper de ballen in de lucht houden, laat staan dat je kunt stunten met nieuw gedrag. Bovendien is het helemaal niet fijn voor jou om dit te veranderen: nu vindt iedereen je aardig! Geloof me nou maar: leidinggevenden moeten zichzelf wegcijferen, dat is veel beter voor de medewerkers. Bovendien ben jij nu eenmaal het dienstbare type, dat zie je zo!'

> **Op flap**
> - Dat wordt niets met dat voornemen, dat kun jij helemaal niet, omdat ...
> - Dat moet je niet willen, dat is slecht voor jou/de mensen in je omgeving/de wereld, want ...
> - Je moet juist meer doen van wat je eerst deed: dat is veel beter want ...

TIJD
20 minuten.

LET OP
- Als deelnemers ook daadwerkelijk van hun voornemen of gedachte afstappen, dan is dat vaak een indicatie dat ze er echt niet achter staan. Beter is dan om het voornemen of de gedachte nog verder te onderzoeken: hoe kan het realistischer, kleiner of meer haalbaar?
- Het is handig om rond te lopen en hier en daar de tweetallen bij te staan. De bedoeling is niet dat ze elkaar de grond in boren of de put in praten. De oefening is bedoeld om met warmte, humor en overdrijving uit te voeren, niet met zuur cynisme.

4

WENKEN VOOR DE TRAINER/BEGELEIDER

Een aantal tips is belangrijk voor *alle* oefeningen. We verwijzen er daarom in de beschrijvingen van de oefeningen niet altijd specifiek naar, maar zetten ze hier onder elkaar:

LAAT STOOM AFBLAZEN

Stoom afblazen is een belangrijk instrument in de toolkit van iedereen die met groepen werkt. Als je denkt dat een deelnemer plenair voor de groep, of de afzonderlijke deelnemers na een oefening in kleine groepjes, even stoom willen afblazen puur over de oefening zelf, dan doe je dat vóór eventuele inhoudelijke nabesprekingen. Een goede vraag is bijvoorbeeld: 'Hoe was het om dit te doen of te ervaren?' Laat stoom afblazen als je inschatting is dat iets heftig, pittig of leuk was om te doen of ervaren. Doe het niet als het niet nodig is, want dan lok je alleen maar onnodige discussies uit over de kwaliteit van jouw oefeningen.

DOE EEN RONDJE SHARING

Een ander (met name bij RET belangrijk) instrument is het zogenaamde *sharing*: het uitwisselen in de groep of de overige deelnemers de problematiek van de inbrenger herkennen. Je stelt bij *sharing* vaak simpelweg de vraag: 'Wie herkent dat dit een lastige situatie is waarbij je wel eens beren op de weg kunt zien?', gevolgd door een paar reacties van andere deelnemers, eventueel van jezelf. *Sharing* kan belangrijk zijn als je plenair werkt met één inbrenger. Een typisch signaal om een rondje *sharing* te doen, is als de overige deelnemers de inbrenger heel veel adviezen gaan geven. Of als de inbrenger zich met zijn verhaal lijkt te generen voor de groep: 'Het valt allemaal wel mee hoor, ik ben geen neuroot of zo.'

BEDENK EEN PAKKENDE TITEL

Geef het RET-onderdeel een pakkende titel in je programma zodat de deelnemers een worst wordt voorgehouden: wat kunnen ze straks anders, wat gaan ze leren? In de regel komen je deelnemers niet bij jou omdat ze zich de RET willen eigen maken, maar omdat ze anders met hun spanning en belemmeringen willen leren omgaan. Als je 'RET' (of andere theorieën en trainingsmethoden) op het programma zet, loop je het risico dat de methode wordt verworpen ('RET kennen we al' of 'Ik heb geloof ik wel eens door zo'n boekje gebladerd'). Geef daarom duidelijk aan wat er voor de deelnemers inzit: RET en alle andere trainingsmethoden en -modellen zijn middelen, geen doelen.

GEEN PANIEK BIJ EMOTIES
RET komt soms dicht bij je deelnemers. Of het nu plenair of in subgroepen is: je deelnemers kunnen geëmotioneerd raken. Geen paniek! Veel hevig gevoelde emoties wijzen vaak op positieve ontwikkelingen bij de deelnemer. Laat de deelnemer even voelen wat hij voelt en stoom afblazen als hij wil, om hem vervolgens te vragen wat hij nodig heeft op dit moment.

WERK MET ÉÉN A, ÉÉN B EN ÉÉN C
Een technisch punt dat we zeer vaak mis zien gaan bij trainers is het volgende. Als je werkt met een ABC hebben inbrengers en overige deelnemers vaak de neiging om er extra informatie, gedachten en gevoelens bij te halen. Dat is begrijpelijk: voor hen hangt alles met elkaar samen. Werk echter (en laat je deelnemers werken) met steeds één concrete A (de 'foto'), en laat de inbrenger één C kiezen, en één B. Werk dat ABC eerst uit, en ga indien gewenst dan pas aan de slag met andere A's, B's en C's.

ZET DE INBRENGER VOOR DE GROEP
Werk je met een wat langere demonstratie met een inbrenger, vraag hem dan om voor de groep op een stoel schuin naast jou plaats te nemen. Het is voor de inbrenger misschien even spannend om voor de groep zijn verhaal te doen, maar je kunt zo beter contact met hem houden. Bovendien helpt het de inbrenger gaandeweg om te focussen op zichzelf, en niet op de overige groepsleden.

VRAAG NIET STEEDS IEDERS INPUT
Hoed je voor onnodig tijd- en energieverlies door niet altijd standaard het hele rondje bij alle groepsleden te maken. Bij veel van de oefeningen waar je input van de groepsleden vraagt, is het voldoende om in het algemeen om reacties te vragen. Je hoeft dan niet elk groepslid iets te laten zeggen.

ZET NIET ALLES OP FLAP
Een andere tijd- en energievreter is eindeloos alles op flap zetten, door jou of de deelnemers. Uitgebreide flip-overvellen zijn alleen nuttig met een specifiek doel, bijvoorbeeld om een overzicht of samenvatting te geven, of als geheugensteun om mee naar huis te nemen door deelnemers. Bedenk dus van tevoren wat het doel is van de flap, en wat ermee gaat gebeuren, voordat je gaat of laat schrijven. Werk je voor de groep plenair een ABC uit, bevraag de inbrenger dan eerst grondig totdat jullie allebei zeker weten wat de A, de B en de C is, en schrijf deze dan pas op.

CHECK OF JE INSTRUCTIE DUIDELIJK IS
Als je niet met een plenaire demonstratie werkt voordat de deelnemers een oefening in kleine groepjes gaan doen, check dan eerst of je instructie helder is. Wees zo nodig altijd

bereid om een demonstratie te geven (bijvoorbeeld van het uitdagen), en laat ze dan oefenen. Eventuele obstakels die er dan nog zijn, kun je in de nabespreking aan bod laten komen.

GEEF EIGEN VOORBEELDEN
Schroom niet om met voorbeelden van jezelf te komen: ten prooi vallen aan irrationele gedachten overkomt iedereen wel eens, ook de trainer. Met eigen voorbeelden komen, verlaagt de drempel voor deelnemers om hetzelfde te doen. Pas daarbij echter op voor voorbeelden die te veel in het hier en nu zijn en die in de groepsdynamiek onrust of onveiligheid teweeg kunnen brengen, zoals 'Ik ben heel onzeker of ik deze training wel tot een goed einde kan brengen'.

DOEN
RET als methode toepassen in groepen leer je vooral door *doen*. Zet jezelf niet op slot door het meteen foutloos te willen doen!

5
WERKEN MET RET IN TRAININGSPROGRAMMA'S

In dit hoofdstuk geven we drie voorbeelden van trainingen waarin RET onderdeel is. Het eerste voorbeeld heeft als onderwerp 'Omgaan met spanning', een training van meerdere blokken waarin uitgebreid bij de RET wordt stilgestaan. In het tweede voorbeeld, met als onderwerp 'Beginnen met leidinggeven' wordt de RET korter behandeld, in anderhalf dagdeel. Het derde voorbeeld heeft als onderwerp solliciteren, en laat zien hoe je in een bestaande vaardigheidstraining heel beknopt korte interventies en oefeningen kunt doen zonder de hele theorie van de RET uit te leggen. Sowieso hoeft RET als methode niet altijd op de flap met het programma te verschijnen. Je deelnemers zitten niet te wachten op RET: ze willen hun spanning beter kunnen reguleren!

Gebruik als begeleider vooral ook eigen expertise en creativiteit om programma's samen te stellen of uit te bouwen.

VOORBEELD 1   TRAINING OMGAAN MET SPANNING

Totale duur: drie blokken van twee dagen.
Duur van het onderdeel RET: drie dagdelen.
Titel van RET-onderdeel: 'Belemmerende overtuigingen' of 'Hoe denken de spanning laat oplopen'.
Globale opbouw van het RET-onderdeel: gebruik, na de kennismaking, twee dagdelen (dag 1) in het begin van de training om de deelnemers de RET te leren. Gebruik het derde dagdeel later in de training voor verdieping en laat de deelnemers in de tussenliggende tijd oefenen met nieuwe gedachten of het maken van ABC's.

Dagdeel 1
1. Start met oefening 1 (Confronterende start). Met deze start maak je meteen duidelijk dat denken invloed heeft op je gevoel. Je kunt een A in het hier-en-nu gebruiken, zoals: 'We gaan elkaar zo meteen beoordelen op een stressmeter en eens kijken wie het minst efficiënt is in deze groep.' Je kunt er ook voor kiezen om iets veiliger te starten, bijvoorbeeld met een denkbeeldige situatie als: 'Stel, je luistert straks in de pauze je voicemail af en je leidinggevende staat erop. Hij zegt niet wat er is, maar je moet meteen terugbellen.'

2. Geef uitleg over stress en RET:
   – Gebruik het verzamelde materiaal op papier om het basisidee van de RET te bewijzen: verschillende emotionele reacties op dezelfde aanleiding komen vaak voor. Ze worden veroorzaakt door onze gedachten daarover, niet door de situatie of aanleiding zelf. Illustreer een paar van de connecties tussen gedachten en emoties van de flip-over.
   – Introduceer het ABC-model, en illustreer het aan de hand van een voorbeeld waarvan je weet of vermoedt dat het voor de groep herkenbaar zal zijn.

- Introduceer de eerste vier stappen uit het RET-stappenplan (zie blz. 17) en demonstreer deze stappen plenair bij een van de deelnemers.
3. Laat de deelnemers ABC's maken. Gebruik oefening 6 (Opstellen van een ABC). Wil je dieper ingaan op de A, dan zijn oefening 3 (De A als foto) en 4 (Met een loep de A onderzoeken) hier bruikbaar.
4. Zoom in op de B's en C's. In deze training wil je de deelnemers leren om de ABC's ook ná de training toe te passen. Je kunt de deelnemers helpen door verdiepingsoefeningen in te zetten. Als je dieper wilt ingaan op de B's, kun je kiezen voor oefening 12 (Twee stoelen) en 13 (Interpretatie of evaluatie?). Wil je meer aandacht geven aan emoties, dan zijn oefening 18 (De volumeknop), 19 (Van binnen naar buiten) en 20 (Van buiten naar binnen) heel geschikt. Laat de deelnemers na deze oefeningen kort hun individuele ABC aanscherpen.

Dagdeel 2
Nu de deelnemers allemaal een ABC hebben gemaakt, is het een goed moment om de deelnemers te laten kennismaken met de vijf denkwijzen of denkpatronen (zie bijlage 1).

1. Doe oefening 10 (De vijf denkpatronen). Laat ze na de oefening nog eens naar hun eigen ABC kijken en analyseren welke denkwijze ze herkennen.
2. Doe oefening 24 (RET-stappendemo). Door een demonstratie van het hele RET-stappenplan maak je op interactieve wijze aan de groep duidelijk wat de volgende stappen zijn. Benadruk hier vanaf stap 4 hoe het vervolg gaat. De groep gaat na de demonstratie zelf aan het werk met het formuleren van een gewenste C: hoe zouden ze zich willen voelen wanneer dezelfde situatie zich weer voordoet? En wat zouden ze willen doen in dezelfde situatie?
3. Doe oefening 26 (Het uitdaagparcours). Geef voordat de deelnemers zelfstandig het parcours gaan lopen een voorbeeld van een ABC en bekijk met elkaar de uitdagingsvragen. Na het parcours hebben alle deelnemers een nieuwe effectieve gedachte geformuleerd. Blijkt het nog moeilijk om een E te vinden, zet dan oefening 38 (Rationeel-emotieve verbeelding) in.
4. Bedenk huiswerk. Nadat je een paar voorbeelden hebt gegeven over soorten huiswerkopdrachten (reflectie, risico-oefeningen en dergelijke), gaan de deelnemers in kleine groepjes huiswerk voor elkaar bedenken dat gedaan kan worden tussen deze dag en het volgende blok. Het is slim om hen zelf ook huiswerk mee te geven in de vorm van het uitwerken van een paar ABC's met behulp van stappenplan.

Dagdeel 3 (na een paar weken)
1. Praat plenair bij: hoe is het gegaan met het huiswerk? Afhankelijk van de vragen en de ervaringen van de groep kun je aan het werk gaan met verdiepende oefeningen. Als er geen obstakels zijn en de groep kan gewoon door, dan kun je verder als volgt.
2. Doe oefening 21 (De rationeel-emotieve warming-up).
3. Hoe ging het ook alweer? Zoom in op het uitdagen met oefening 22 (De trainer is ook maar een mens).

4. Maak een nieuw ABC. Laat de deelnemers in tweetallen een nieuw ABC uitwerken volgens het stappenplan, 20 minuten per deelnemer.
5. Doe verdiepingsoefeningen. Alle oefeningen die drie sterren hebben zijn verdiepende oefeningen en in principe bruikbaar om toe te passen. Een alternatief is het hier en nu: als de groep geen vragen heeft of je wilt het zelf als trainer wat spannender maken, dan is oefening 35 (De hot seat) aan te bevelen.
6. Sluit het RET-onderdeel af met het formuleren van huiswerk.

Refereer met het oefenen met vaardigheden tijdens de andere onderdelen van de training aan de RET-principes. Zo is het uitspreken van een helpende gedachte voorafgaand aan een moeilijke vaardigheidsoefening vaak behulpzaam.

VOORBEELD 2   TRAINING BEGINNEN MET LEIDINGGEVEN

Totale duur: drie dagen.
Duur van het onderdeel RET: 1,5 dagdeel.
Titel van het onderdeel RET: 'Kijk naar je eigen denkwijze'.
Globale opbouw van het RET-onderdeel: start ermee op dag 2 van de training, en loop met de groep door startoefening, de theorie, de vijf denkpatronen, ABC's en het uitdagen.

1. Start met oefening 7 (De gedachte maakt het verschil).
2. Geef uitleg over RET. Benadruk daarbij dat allerlei emotionele reacties bij het beginnen met leidinggeven heel natuurlijk zijn, maar dat deze emotionele reacties soms zo sterk zijn, dat mensen er zelf ontevreden over zijn, en dat deze reacties hen niet helpen om juist te handelen. De gedachten of overtuigingen achter zulke reacties zijn op te sporen en te veranderen.
3. Hoe denken wij? Doe oefening 12 (Twee stoelen).
4. Geef een korte uitleg over denkwijzen. Om de groep herkenningspunten te geven, leg je de veelvoorkomende irrationele gedachten uit, met behulp van oefening 10 (De vijf denkpatronen).
5. Laat de deelnemers een eigen ABC maken: oefening 6 (Opstellen van een ABC). Deel hierbij het RET-formulier (bijlage 2) uit.
6. Leg 'uitdagen' uit en doe oefening 31 (Roddelen).
7. Doe tot slot oefening 26 (Het uitdaagparcours).

VOORBEELD 3   IMPROVISEREN MET RET-PRINCIPES IN EEN SOLLICITATIETRAINING

Stel, je bent begonnen met een training waarbij alleen vaardigheden op het programma staan. Maar je programma sluit niet helemaal aan bij waar je deelnemers mee bezig zijn. Ze komen niet in actie, of bespreken tegenwerpingen en obstakels waardoor de vaardigheden die jij ze wilt bijbrengen geen kans van slagen hebben. Dat kunnen natuurlijk reële obstakels in de buitenwereld zijn: het is lastig om je deelnemers succesvol verkoopvaardigheden aan te leren als ze een waardeloos product onder erbarmelijke voorwaarden aan de man moeten brengen.

Maar vaak leven de bezwaren vooral in de hoofden van de deelnemers. In een assertiviteitstraining zeggen ze bijvoorbeeld: 'Nee zeggen tegen de baas leidt tot conflicten, dus dat doen we maar niet.' In een training Effectief Verkopen vertellen de deelnemers: 'Het blijft doodeng om jezelf en je product zomaar op te dringen, hoe je het ook aanpakt.'

Laten we eens uitgebreider kijken naar een sollicitatietraining. Sollicitatietrainingen zijn mooie voorbeelden van trainingen waarin sterke emoties als angst, onzekerheid, wanhoop of woede in te sterke mate bij de deelnemers kunnen leven. Een deelnemer geeft bijvoorbeeld aan dat hij zeer gespannen is bij een sollicitatiegesprek, bang is voor weer een afwijzing, dat hij toch geen kans maakt, enzovoort. Je vermoedt dat de principes van RET wel eens behulpzaam zouden kunnen zijn bij het overwinnen van wat beren op de weg.

Het is dan niet handig om je groep te vertellen dat ze irrationeel denken, en dat jij ze met de RET wel op andere gedachten kunt brengen. Beter is om je groep een beetje te verleiden om naar hun *reactie* op sollicitatiegesprekken te kijken: misschien zijn ze beter in staat die gesprekken te voeren als ze zich niet al te druk maken? Vraag of ze in zijn voor een experiment, of noem het een onderzoek. Je doet dan als het ware 'RET light'.

Optie 1
- Geef een korte intro over belemmerend en helpend denken en de gevolgen hiervan op gevoel en gedrag.
- Vraag de deelnemers of ze mee willen doen aan een experiment en zet dan oefening 12 (Twee stoelen) in.
- Laat iedere deelnemer een helpende gedachte formuleren.

Optie 2
- Geef, voordat je deze oefening doet, uitleg over vijf belemmerende denkwijzen (zie bijlage 1).
- Begin met oefening 11 (RET in de ruimte 1) en ga door met oefening 23 (RET in de ruimte 2).
- Laat de deelnemers na de oefening in drietallen hun ervaringen doorspreken en een helpende gedachte formuleren.
- Laat alle deelnemers de nieuwe effectieve gedachte uitspreken.

Optie 3
- Nodig de groep uit voor een experiment en doe oefening 37 (Kruip in de huid van ...).
- Bespreek plenair na en oogst wat het onderzoek heeft opgeleverd.

6

VEELGESTELDE VRAGEN OVER RET IN GROEPEN

Onderstaande vragen krijgen wij in ons werk zo vaak, dat we ze hebben opgenomen en – hopelijk naar tevredenheid – beantwoorden.

1. *De RET is zo rationeel! Ik wil dat mijn deelnemers het ook gaan vóelen!*
Geduld! Van gedachten veranderen gebeurt niet altijd meteen. En de kwartjes vallen ook niet altijd wanneer het jou uitkomt. Heel vaak blijkt een effectieve gedachte pas echt te raken bij oefening in de praktijk, na de training. Wat wel helpt, is als je RET tijdens de training niet alleen uitlegt en door de deelnemers laat beredeneren, maar ook echt laat *oefenen*. En dat is ook wat de oefeningen in dit boek beogen: niet alleen beredeneren, maar ook ervaren.
Als je de RET alleen maar op denkniveau inzet (en in een presentatie het ABC-model uitlegt, en vertelt dat mensen onlogisch denken), dan kun je glazige blikken verwachten, en tegeltjeswijsheden als je boft. Beter is om, met behulp van oefeningen, ook het voel- en doeniveau in je programma op te nemen.

2. *Mag ik de RET wel gebruiken? Ik ben toch geen psycholoog ...*
In de praktijk blijkt dat deelnemers die op komen dagen bij een training, geestelijk veel meer aankunnen dan wij trainers denken. En je hoeft geen psycholoog te zijn om mensen te verleiden eens kritisch naar het realiteitsgehalte van hun knellende overtuigingen te kijken.
Het kan zeker voorkomen dat deelnemers geëmotioneerd raken door de RET-methode. Dat zet soms bij jou zelf onproductieve gedachten in werking: het is mijn schuld, ik ben verantwoordelijk voor het leven van deze deelnemer, ik ben geen knip voor de neus waard. Maar sterke emoties bij deelnemers zijn niet altijd slecht, en de trainer die ze in werking zet met de RET ook zeker niet.
Wat kan helpen om de zaken behapbaar te maken, is het onderwerp af te bakenen op het trainingsonderwerp. Dus laat in een assertiviteitstraining mensen niet het voorbeeld inbrengen dat ze door hun ouders werden afgewezen, maar vraag ze een werkvoorbeeld te kiezen. Je kunt bij heftige emoties ook aan een deelnemer vragen wat hij van jou en de groep nu nodig heeft. Vaak kunnen ook heftig geëmotioneerde mensen hun zelfmanagement weer oppakken, als ze daartoe expliciet worden uitgenodigd.

3. *Ik heb maar weinig tijd in deze training. RET vraagt veel uitleg, maar is wel relevant. Wat moet ik doen?*

De oefeningen in dit boek zijn vaak ook bruikbaar zonder de hele uitleg over het ABC-model. Het is absoluut niet noodzakelijk om van alles uit te leggen over uitdagen, of over denkwijzen als perfectionisme, lage frustratietolerantie en liefdesverslaving. Heb je de tijd niet, laat de RET dan formeel achterwege, en kijk of je een paar kleine oefeningen in de plaats daarvan kunt inzetten.

Een belangrijk criterium om wel of niet iets met RET te doen, is of je je deelnemers zonder geforceerdheid kunt verleiden om niet iets aan de A, maar aan hun emotionele reactie op de A te veranderen. Als je deelnemers zich realiseren dat ze hun eigen spanning veroorzaken (bijvoorbeeld in een stresstraining), dan kan het vaak wel. Maar om een woedende ondernemingsraad in een paar uur in te laten zien dat ze onproductieve gedachten hebben, terwijl zij alleen maar tips willen over hoe ze de raad van bestuur omkrijgen: dat is geen doen. Dan is meer tijd nodig om ze te stimuleren niet naar de A, maar naar de B en de C te kijken. Heb je die tijd niet, laat het dan helemaal achterwege.

4. *Als ik met één deelnemer de RET demonstreer, dan valt de rest van de groep óf in slaap, óf ze komen met allemaal oplossingen en adviezen. Wat moet ik doen?*

Wat in elk geval niet werkt, is het ABC-model bij je groep over de schutting gooien en ze het in drietallen maar uit laten vogelen. Dat leidt tot wazige discussies en, in het beste geval, tot het uitwisselen van nietszeggende open deuren in subgroepen. Durf het plenair voor te doen met een lastige situatie waarvan je vermoedt dat meer deelnemers er last van hebben. Dat maakt één voorbeeld relevanter voor de rest van de groep. Vraag daarom tijdens of na de demonstratie wie het lastige van de situatie herkent (*sharing*).

Zet, tijdens je demonstratie met bijvoorbeeld deelnemer Joris, de groep in door ze te vragen mee te denken. De meeste stappen in het stappenplan lenen zich daar goed voor: Wat denken jullie dat de gedachte is die hier het meest verantwoordelijk is voor de stress van Joris? Wat vinden jullie niet logisch in deze manier van denken? Welke gedachte is reëler?

Mededeelnemers geven vaak tips in de A: Joris moet naar PZ gaan, Joris moet gewoon zeggen 'Ik pik het niet meer'. Of Joris moet een andere baan gaan zoeken. Wij trainers zijn, als we RET inzetten, meer geïnteresseerd in gedachten en emoties. Stel de groep daarom gerichte vragen, dus niet: 'Wat moet Joris doen?' of 'Welk advies hebben jullie voor Joris?', maar: 'Wat is een meer helpende gedachte voor Joris?'.

5. *Als ik een demonstratie geef met een deelnemer voor de hele groep, vind ik het lastig om te gaan uitdagen. Kan ik dat wel goed genoeg? Daarom leg ik deze stap gewoon maar uit, en laat ze in subgroepjes elkaar uitdagen. Maar dat levert vaak weinig op.*

Zonde. Het is belangrijk dat je zelf kunt demonstreren wat je wilt dat de deelnemers leren. Oefening baart kunst, perfectionisme niet. Uitdagen van onproductieve gedachten is als spaghetti tegen het plafond gooien: slechts een klein deel blijft aan het plafond kleven, de rest valt weer naar beneden. Maar – gesteld dat je de spaghetti tegen het plafond aan wilt hebben – wat werkt is belangrijk, niet wat niet werkt. Gaandeweg zul je merken dat je een steeds groter uitdagingsrepertoire krijgt.

Vergeet niet dat je de mededeelnemers in kunt zetten. Misschien hebben zij bijdragen die de inbrenger vooruit helpen.

6. *Als ik de RET toepas op een deelnemer, dan heb ik het gevoel dat ik nog niet helemaal op het niveau van diepgang ben dat nodig is. Ik ben er nog niet ... wat moet ik doen?*

Het kan zijn dat het ABC dat je hebt opgesteld met de inbrenger niet helemaal de lading van het 'echte' probleem dekt. Soms is het beter om dan een nieuw ABC op te stellen en opnieuw te gaan uitdagen. Vraag dit de inbrenger! Hij zegt het wel als het zo is. En als de inbrenger ontkent wat het 'echte' probleem is, ga eerst na of jij er niet naast zit. Trainers hebben ook hun eigen gekleurde beelden: ze projecteren hun eigen hersenspinsels op deelnemers, of ze hebben heimelijke fantasieën waarin zij deelnemers door flink aandringen 'het licht' laten zien dat hun leven voorgoed verandert. Zelfs als een deelnemer overduidelijk iets niet aan wil gaan: laat je agenda vallen. De deelnemer heeft vast een reden om het niet in deze groep aan te gaan, en die reden is per definitie legitiem.

7. *De RET is zo directief. Maar ik heb geleerd dat je veel empathie en begrip moet hebben en die hardop moet tonen aan je deelnemers! En de deelnemer moet het werk doen, niet ik, toch?*

De RET is directief op procedure, maar niet op inhoud. Leg je deelnemer steeds voor wat hij wil en bied keuzes, bijvoorbeeld: van welke emotie heeft de deelnemer het meeste last? Wil hij over die emotie verder doorpraten? De RET biedt een structuur (dat is het procedurele deel) die mensen helpt om minder onnodige last te hebben van hun emoties. Om die structuur te handhaven, kan het zijn dat je als trainer soms hard moet werken (slechts weinig mensen worden slapend rijk). Maar deelnemers houden bij RET zelf het stuur in handen. Jij bent slechts de reisbegeleider die op de bagagedrager van de deelnemers meerijdt en meedenkt met een handzaam stappenplan. Bij RET bied jij als trainer een methode aan, en je deelnemers bepalen zelf waar ze met die methode uitkomen.

8. *Kun je RET gebruiken bij weerstand in een groep? Wij zijn bezig met een reorganisatie of verandering en stuiten op veel weerstand van de medewerkers. Kunnen we de RET gebruiken om ideeën bij te sturen?*

Nee en ja. Nee, RET als instrument om deelnemers aan te sporen hun ideeën op te geven, is alleen haalbaar als je hen kunt laten inzien dat hun emotionele reactie op de verandering of reorganisatie hen onnodige spanning oplevert. Ja, wanneer deelnemers inzien dat een deel van de weerstand is te wijten aan hun eigen irrationele gedachten.

Deelnemers geven zelden hun opvattingen over veranderingen op, alleen maar omdat de organisatie dat eist, en terecht. Een reorganisatie, zoals iedere verandering, roept geregeld gevoelens van angst en woede op die weerstand veroorzaken. Als je je deelnemers kunt prikkelen om kritisch naar de functionaliteit van hun reactie op de reorganisatie te laten kijken, kun je een contract met hen sluiten. Het nieuwe onderwerp is dan niet meer de reorganisatie, maar de emotionele reacties van deelnemers daarop, en de onderliggende overtuigingen. Laat je niet voor het karretje spannen van overijverige directies en verandermanagers, maar vergewis je ervan dat er voldoende basis is om – om het maar even in RET-termen te zeggen – in de B's van deelnemers iets te veranderen. Zomaar RET-workshops organiseren, hoe goed bedoeld ook, is gedoemd te mislukken als deelnemers niet zelf willen kijken naar hun reactie op de beoogde veranderingen. Is dat contract met de deelnemers er eenmaal, dan kun je aan de slag.

BIJLAGE 1
VEELVOORKOMENDE DENKWIJZEN

Veel belemmerende gedachten bij mensen hebben overeenkomsten en zijn als het ware te groeperen in denkwijzen of denkpatronen. Het is vaak nuttig om hier iets over te vertellen, als er genoeg tijd in het programma is. Het zorgt bij de deelnemers voor vrolijkheid en herkenning en biedt een goede bodem voor werkvormen. Bovendien maakt dit het persoonlijke universeel: deelnemers zien dat zij niet de enigen zijn die deze belemmerende overtuigingen hebben.

Let er wel op dat je de denkwijzen niet als persoonlijkheidskenmerken neerzet: mensen *zijn* geen perfectionisten of liefdesverslaafden, mensen denken af en toe perfectionistisch of liefdesverslaafd. We leren met RET dat iemand niet samenvalt met zijn fouten: zijn waarde als persoon wordt door die fouten niet bepaald. Net zo min moeten mensen zich vereenzelvigen met hun overtuigingen.

Je vindt in de RET-literatuur verschillende categorie-indelingen voor de denkwijzen. Hoewel deze indelingen allemaal hun waarde hebben, gebruiken wij onderstaande omdat deze vaak herkenning oproept in groepen. Houd er rekening mee dat deelnemers vaak meerdere denkwijzen bij zichzelf herkennen.

Perfectionisme

Gezond verlangen of zorg	iets goed doen, zo goed mogelijk je best doen voor iets wat je belangrijk vindt
Basisangst	faalangst
Ramp	mislukken en in de goot belanden
Taalgebruik	ik moet, eventjes, gewoon, ik ben verantwoordelijk, ik kan dit alleen maar zelf doen
Veelvoorkomend gedrag	uitstellen, traag werken, driedubbel checken, erg lang voorbereiden, bevestiging bij anderen zoeken die je vervolgens niet gelooft
Meest leerzame omstandigheden	moeilijke of nieuwe banen, examensituaties, crisissituaties waarbij je snel moet besluiten en improviseren, faalervaringen in het algemeen
Instinkers	onder je niveau werken, alleen afmaken wat 100% goed is en de rest vermijden, taken die je kunt uitstellen
Irrationeel wereldbeeld	centraal staat mijn prestatie, andere mensen zien het meteen als ik iets niet goed doe, ik ga vroeg of laat door de mand vallen maar probeer het moment tegen heug en meug maar een beetje uit te stellen

Lage frustratietolerantie

Gezond verlangen of zorg	gemak, comfort, wensen dat de zaken een beetje meezitten
Basisangst	angst voor ongemak
Ramp	alles wordt ten onrechte van je afgenomen en het materieel en lichamelijke comfort valt helemaal weg
Taalgebruik	hier kan ik niet tegen, dit is te moeilijk, te lastig, dit heb ik niet verdiend, mag niet, het is niet eerlijk, het is ondraaglijk, ik moet er niet aan denken
Veelvoorkomend gedrag	mokken en mopperen, weglopen voor problemen, je snel ziek melden, focussen op ongemakkelijkheden en tegenvallers, soms vergeten dat er anderen zijn
Meest leerzame omstandigheden	veel tegenslag, banen waarin erg hard en onder moeilijke omstandigheden moet worden gewerkt, onredelijke vrienden en collega's, files en oponthoud in het openbaar vervoer, stranden met twee lekke banden in de Kaukasus, een maand met een gebroken been omhoog moeten liggen
Instinkers	makkelijke banen, rijke ouders, te groot charisma, alle nieuwste technologie op je iPhone hebben, constant goed weer, nooit in de binnenstad gewoond hebben
Irrationeel wereldbeeld	mijn geestelijk en fysiek comfort staat centraal, wel zo fijn als andere mensen daar ook rekening mee houden, dat is immers redelijk; dingen moeten gemakkelijk gaan, anders heb ik er geen zin in

Liefdesverslaving

Gezond verlangen of zorg	harmonie en contact met andere mensen, goed op hen overkomen
Basisangst	verlatingsangst
Ramp	iedereen keert zich van me af, mensen vinden me niet aardig en ik blijf helemaal alleen achter
Taalgebruik	oké! ja, leuk! in principe wil ik wel, ik vind het een beetje ..., het zal wel aan mij liggen, ik ben misschien dom hoor maar ..., wat enig dat jullie allemaal langskomen, ja hoor gaat u maar even voor, heeft iemand nog iets leuks meegemaakt het weekend?
Veelvoorkomend gedrag	meegaan in onredelijke verzoeken van anderen, tijdens vergaderingen je bijdrage niet leveren, veel excuses maken, jezelf veelvuldig en uitgebreid verklaren bij de ander, niet voor jezelf opkomen, ongemakkelijk worden bij stiltes in groepen, snel schaamte in het algemeen
Meest leerzame omstandigheden	leidinggeven aan een team, verjaardagsfeestjes waarbij de sfeer er niet inkomt, opgebeld worden door telefonische verkopers, een bijbaan in de politiek nemen, pubers grootbrengen, competitie met anderen aangaan, conflictsituaties in het algemeen

Instinkers	dienstbare beroepen zoals bijvoorbeeld in de gezondheidszorg, veel vrienden hebben, met weinig tevreden zijn, geen uitgesproken meningen over zaken hebben, Kerstmis en Valentijnsdag
Irrationeel wereldbeeld	het is mijn plicht aardig en wellevend naar de mensen toe te zijn, iedereen let op hoe ik overkom en ik kan het me niet permitteren hen tegen mij in het harnas te jagen; als mensen onredelijk tegen me doen, dan zal ik het er wel naar gemaakt hebben

Eisend moralisme

Gezond verlangen of zorg	wensen hebben, uiten en naleven op het gebied van normen en waarden
Basisangst	moreel verval en het einde van beschaving
Ramp	morele anarchie; niemand houdt zich meer aan regels van fatsoen, rechtvaardigheid en kwaliteit en mensen willen het kwaad gewoon niet zien, hoe hard ik ook op mijn gelijk hamer
Taalgebruik	het kan toch niet zo zijn dat ..., dit bestaat toch niet, dat doe je niet, nu breekt mijn klomp, ik doe dat bij jou toch ook niet, waarom jij dan wel bij mij?
Veelvoorkomend gedrag	je opwinden bij onrecht, discussies met anderen niet kunnen stoppen, zitting nemen in de OR, snel kwaad worden, bij eigen gelijk ook gelijk willen krijgen
Meest leerzame omstandigheden	columns lezen van zeer uitgesproken columnisten, vrijwilligerswerk in bijvoorbeeld een derde wereldland of een asielzoekerscentrum, interviews afnemen voor een nieuwsblad of nieuwswebsite, afspraken maken met onbetrouwbare collega's, kwaliteitsmanager zijn in een zeer grote organisatie, telsell-producten aanschaffen
Instinkers	fanatieke groepsverbanden (al dan niet religieus), wel een eigen bedrijf maar nooit een eigen baas hebben, geen internet en tv hebben, introverte en volgzame mensen om je heen hebben
Irrationeel wereldbeeld	omdat mijn opvattingen kloppend, redelijk en rechtvaardig zijn, moet de hele wereld zich aan die opvattingen houden; ik heb meestal gelijk, mensen moeten mij benaderen zoals ik hen benader: respectvol en rechtvaardig

Rampdenken

Gezond verlangen of zorg	vermijden van onnodige risico's, inschattingen maken van wat mis kan gaan
Basisangst	angst over dingen die jou of dierbaren zouden kunnen overkomen
Ramp	een serie van ellende en ongelukken die niet te voorkomen zijn
Taalgebruik	ik moet er niet aan denken, zul je nét zien ..., wat een ellende, weet je zeker dat je het gas hebt uitgedaan? Als dit... dan dat ...
Veelvoorkomend gedrag	piekeren, geen risico's nemen, dwangmatig controleren of alles en iedereen in orde is, altijd een plaats nemen dicht bij de uitgang, zenuwachtige bewegingen maken
Meest leerzame omstandigheden	flinke reorganisaties op het werk, vakanties waar alles misloopt, op het laatste moment gate-wijzigingen op het vliegveld, pubers opvoeden
Instinkers	een beschermde opvoeding, familieleden en naasten die erg zelfredzaam zijn, je hele leven wonen in een klein dorp gelegen in een veilig land
Irrationeel wereldbeeld	niets is toeval, de toekomst ligt al vast en ziet er niet al te best uit, het gaat fout lopen, ik kan daar helemaal niets aan doen behalve in paniek afwachten, hoogstens een beetje uitstel proberen te krijgen

(Bewerking uit: *Controlfreaks, alleswillers en andere druktemakers.*)

BIJLAGE 2 RET-FORMULIER

A
A = aanleiding

B
B = onproductieve gedachte,
    overtuiging over die situatie

D
D = discussie over en uitdagen
    van de onproductieve gedachte

C
C = emotie en reactie

E
E = effectieve nieuwe gedachte
    en emotionele reactie

Het RET-formulier staat ook als download op www.thema.nl.

LITERATUUR EN OPLEIDINGEN

LITERATUUR

Bender, Roderik en Sasja Bork, *Controlfreaks, alleswillers en andere druktemakers. RET in woord en beeld,* Thema, Zaltbommel, 2010.

Dekkers, Anneke en Karin de Galan, *Lachen met lef. Provocatief coachen in woord en beeld*, Pearson, Amsterdam, 2009.

Ellis, Albert en Alan Baldon, *RET: een andere kijk op problemen*, Thema, Zaltbommel, 2007.

Jacobs, Gidia, *Rationeel-emotieve therapie. Een praktische gids voor hulpverleners,* Bohn Stafleu Van Loghum, Houten, 2008.

Mulder, Lex en Judith Budde, *Drama in bedrijf. Werken met dramatechnieken in training en coaching,* Thema, Zaltbommel, 2006.

Schurink, Ger, *Mindfulness. Een praktische training in het omgaan met gevoelens en gewoonten,* Thema, Zaltbommel, 2009.

Spradlin, Scott, *Je emoties de baas. Nooit meer overmeesterd door je gevoelens*, Thema, Zaltbommel, 2005.

Willson, Rob, *Cognitieve gedragstherapie voor dummies*, Addison Wesley, Amsterdam, 2006.

IJzermans, Theo en Coen Dirkx, *Beren op de weg, spinsels in je hoofd. Omgaan met emoties op je werk*, Thema, Zaltbommel, 2010.

IJzermans, Theo en Roderik Bender, *Hoe maak ik van een olifant weer een mug? Rationele Effectiviteitstraining voor gevorderden*, Thema, Zaltbommel, 2008.

IJzermans, Theo en Alice Zandbergen, *RET op een rijtje*, Thema, Zaltbommel, 2008.

IJzermans, Theo, *Produktief denken. Handleiding voor trainers*, Boom, Amsterdam, 1993.

OPLEIDINGEN

Er zijn meerdere RET-opleidingen in Nederland te volgen via verschillende opleidingsinstituten. De enige opleidingen voor werken met RET in groepen is de *Vakopleiding RET-Basic* en de *RET-Advanced,* Schouten & Nelissen (www.sn.nl).

Voor boeken, informatie en workshops dichter bij de bron van RET is een bezoek aan het Albert Ellis Institute in New York zeker de moeite waard (www.albertellisinstitute.org).

Rationele Effectiviteitstrainingen bij Schouten & Nelissen

RET-Basic

Merk je als trainer, adviseur of coach dat mensen zich onvoldoende bewust zijn van blokkerende gedachten en emoties? In de training *Rationele Effectiviteitstraining (RET)-Basic* leer je hoe je anderen helpt irrationele denkpatronen te doorbreken, zodat ze beter om kunnen gaan met 'lastige' situaties en veranderingen.

Na deze training ken je de theorie van RET-interventietechnieken en kun je er in de praktijk mee werken, in adviesgesprekken en trainingen. Je bent in staat (groepen) medewerkers te helpen belemmerende gedachtepatronen te overwinnen.

RET-Advanced

Na de *RET-Basic* is de *RET-Advanced* een goede verdiepings- en verbredingsslag. In de *RET-Advanced: groepsinterventies* leer je de vaardigheden om RET-inzichten en -technieken om te zetten in trainingsprogramma's voor groepen. In de *RET-Advanced: individuele interventies* ga je aan de slag met RET op het niveau van het individu: welke individuele interventies zijn er mogelijk en hoe kun je ermee werken?

Meer weten?

Wil je meer weten over deze Rationale Effectiviteitstrainingen (RET)? Ga dan naar www.sn.nl of bel met 0418 – 688 666.